因材施教

【多元智慧之光譜計畫的經驗】

梁雲霞　總校閱
葉嘉青　　　譯

Project Zero Frameworks for Early Childhood Education
Volume 1

Howard Gardner
David Henry Feldman
Mara Krechevsky
General Editors

Building on Children's Strengths :
The Experience of Project Spectrum

Jie-Qi Chen
Mara Krechevsky
Julie Viens
with Emily Isberg

Published by Teachers College Press, 1234 Amsterdam Avenue, New York, NT 10027

原作者和編輯

✿ 陳杰琦（Jie-Qi Chen）

她是芝加哥艾立克森學院（Erikson Institute）兒童發展和幼兒教育方面的助理教授。她在中國北京獲得了學士學位，在塔夫特大學（Tufts University）獲得了兒童發展方面的博士學位。她曾經在哈佛大學的零方案中擔任研究員，在中國山西教師學院擔任專任講師。她的研究集中在幼兒特殊領域能力的發展、另類評量、學校改革，以及在不同文化中的兒童發展。她的作品出現於 D. P. Flanagan, J. L. Genshaft，和 P. L. Harrison 所共同編著的 *Beyond traditional intellectual assessment*：*Contemporary and emerging theories, tests, and issues*，以及《國際教育》（*International Education*）期刊中。

✿ 大衛・亨利・費爾德曼（David Henry Feldman）

他自一九七四年起，便在塔夫特大學擔任兒童發展方面的教授。他在羅徹斯特（Rochester）、哈佛和史丹佛大學獲得了學位，並且在一九六九年獲得了博士學位。他的專長和研究興趣包括了發展理論、認知發展的變化和轉換，最熱中於智力的發展和創造力方面。他的著作包括了 *Beyond Universals in Cognitive Development*；*Nature's Gambit*：*Child Prodigies and the Development of Human Potential*（和 Lynn T. Goldsmith 合著）；*Changing the World*：*A Framework for the Study of Creativity*（和 Mihaly Czikszentmihalyi、Howard Gardner 合著）。

✿ 霍華・迦納（Howard Gardner）

他是哈佛大學認知與教育系的教授，哈佛大學心理系、波士頓大學醫

學院神經學系的合聘教授,以及哈佛大學零方案的共同主持人。他因為所發表的多元智慧理論（multiple intelligences）,在一九八一年獲得了麥克阿瑟傑出人才獎（MacArthur Prize Fellowship）,以及在一九九○年獲得了路易斯維里大學教育方面的葛羅威麥耶獎（The University of Louisville's Grawemeyer Award in Education）。在近幾年的大部分時間裡,他都在帶領有關創造者和領導者方面的個案研究,探索在不同領域中的傑出表現和社會責任感之間的關係。他一共著作了十八本書,包括了 *Frames of Mind*；*Art, Mind, and Brain*；*Extraordinary Minds*。

✿ 愛蜜莉·伊思柏格（Emily Isberg）

她是一位自由作家和編輯者。她獲得了哈佛大學的學士學位,以及哥倫比亞大學新聞學院的碩士。她曾經擔任美國參議院報刊的助理秘書,英國《蒙哥馬利郡看守者》（*Montgomery County Sentinel*）的記者,《哈佛大學公報》的科學類記者,以及擔任過幼兒到高中階段的教師。她的文章曾經發表在《華盛頓郵報》、《哈佛期刊》,以及《波士頓期刊》中。她也是兒童書 *Peak Performance: Sports, Science, and the Body in Action* 的作者。

✿ 瑪拉·克萊奇維斯基（Mara Krechevsky）

她從耶魯大學的哲學和心理系獲得了學士學位,在哈佛大學的零方案工作中擔任了十五年的教育研究員。她從一九八七到一九九二年擔任光譜計畫——將多元智慧理論應用到幼兒教育的研究計畫的執行者。她在美國各地的學校擔任諮詢工作,也寫了很多文章（這本書中的一些章節是由她執筆的,其中部分的共同作者是霍華·迦納）,並且在美國和其他國家中針對多元智慧理論以及它在教育方面的應用,做了許多發表和介紹。她目前指導一個由哈佛大學零方案和義大利瑞吉歐·愛蜜莉亞（Reggio Emilia）幼兒園的跨文化合作計畫。這個合作計畫想要找出小組學習的評量方法。瑪拉·克萊奇維斯基是《光譜計畫：幼兒教育評量手冊》（*Project Spectrum: Preschool Assessment Handbook*）的作者。

✿ 茱利‧芬絲（Julie Viens）

她擔任哈佛大學零方案的教育研究員共十年的時間，負責研究多元智慧理論的教育應用。芬絲在哈佛大學獲得了學士和教育碩士的學位，她的興趣和專長是將多元智慧理論應用在以英語為第二種語言以及弱勢的人們身上。她現在擔任哈佛大學成人多元智慧計畫的共同執行者。這個計畫在成人學習與讀寫能力中心執行。她是美國心理學會所出版的 *Pathways to Multiple Intelligences: A Professional Development Guide*（和 B. Slatin、S. Baum 合著，並曾就教於 Howard Gardner）一書的共同作者。

● 總校閱簡介

✿ 梁雲霞

　　政大教育系，教育研究所碩士，早期的工作生涯中，深受板橋教師研習會研究室同仁的啟發，認識課程設計與發展的歷程、理論與實務融合的精妙。後取得教育部公費留學，赴美國伊利諾大學（香檳校區）主修認知與教學，完成教育心理學博士學位。現為國立台灣海洋大學教育學程中心副教授，曾兼任該校諮商輔導組組長。近年來致力與中小學教師協同合作，發展專業成長團體，研發多元教學策略與評量活動。目前擔任基隆市深美國小課程發展指導教授、教育部多元智慧示範學校專案指導教授，並帶領基隆市中小學教師進行行動研究與國際交流。譯有「多元智慧與學生成就」、「光譜計畫：幼兒教育評量手冊」。

譯者簡介

✿ 葉嘉青

◆ 教育程度 ◆

- 美國哥倫比亞大學教育學院課程及教學系碩士，主修幼兒教育
- 輔仁大學家政學系幼教組理學士
- 國立台北護理學院護理科畢

◆ 現任 ◆

- 輔仁大學兒童及家庭學系兼任講師
- 實踐大學生活應用科學系兼任講師
- 台北市教育局幼稚園評鑑委員
- 台北市社會局托兒所評鑑委員
- 行政院勞委會保姆檢定術科評鑑委員
- 台北縣市托兒所主管進修班講師

◆ 曾任 ◆

- 國立空中大學生活應用科學系兼任講師
- 國立台南師範學院幼教系兼任講師
- 德育醫護管理專科學校幼保科專任講師
- 基督教青年會幼兒園主任
- 中華民國幼兒教育改革研究會總幹事
- 美國哥倫比亞大學醫學中心附設幼兒園教師
- 美國紐約市中文學校教師
- 新生醫校幼保科暨護理科專任教師
- 馬偕醫院小兒科護理師

◆ 著作 ◆

- 葉嘉青（民 86）：生命的彼岸——如何幫助幼兒了解死亡。成長幼教季刊，8 卷，第 1 期。

- 葉嘉青（民 87）：專業幼教師的成長。德育醫護管理專科學校幼保科科刊。

- 葉嘉青（民 88）：讓孩子成功學習大小便。學前教育，22 卷，第 8 期。

- 葉嘉青（民 88）譯，Annabelle Godwin and Lorraine Schrag 著：托育機構經營與管理（Setting up for infant/toddler care: guidelines for centers and family child care homes）。台北：華騰。

- 葉嘉青（民 89）：學校和兒童博物館的合作關係——以多元智能理論為依據建立起機構間的橋樑。幼教資訊，第 114 期。

- 葉嘉青（民 89）：幫助孩子接受必要的管教—紀律。幼教資訊，第 117 期。

- 葉嘉青（民 89）：淺談光譜計畫——多元智能理論介入幼兒教育的方式（上）。成長幼教季刊，11 卷，第 2 期。

- 葉嘉青（民 89）：淺談光譜計畫——多元智能理論介入幼兒教育的方式（下）。成長幼教季刊，11 卷，第 3 期。

- 葉嘉青（民 89）：0-3 歲寶寶的語文遊戲。學前教育，23 卷，第 3 期。

- 葉嘉青（民 89）：娃娃聽世界——如何提供適宜的聽覺刺激。學前教育，23 卷，第 5 期。

- 葉嘉青（民 89）：小小嬰兒愛遊戲。學前教育，23 卷，第 8 期。

- 葉嘉青（民 90）：美國聖荷西兒童探索博物館之旅。成長幼教季刊，12 卷，第 1 期。

- 葉嘉青（民 90）：制定行為準則需讓孩子共同參與。學前教育，24

卷，第 4 期。

· 葉嘉青（民 90）：給他糖不如給他玩具（上）。育兒生活，第 137 期。

· 葉嘉青（民 90）：給他糖不如給他玩具（下）。育兒生活，第 138 期。

· 葉嘉青（民 91）：教學與保育評鑑結果分析。台北市 90 學年度公私立幼稚園教育評鑑報告。台北：台北市政府教育局。

· 葉嘉青（民 91）：高品質的寶寶遊戲。育兒生活，3 月號。

· 葉嘉青（民 91）：如何讓寶寶越玩越聰明。嬰兒與母親，3 月號。

· 葉嘉青（民 91）：小小玩具大大學問——提供 0-3 歲寶寶最適齡的玩具。台灣日報，親子交流道，第 22 版，4 月 2 日。

中文版序言

　　很榮幸，我們和同事們在光譜計畫中所取得的工作成果被譯成中文，即將與台灣的讀者見面。在此，讓我們先對參與翻譯學者的努力表示感謝。

　　光譜計畫是在美國的文化背景下進行的，是對美國幼兒教育中一些迫切問題而做出的回應。但是，我們希望這一針對美國的問題而做出的努力，同樣能讓台灣的同行們、教師們、家長們以及決策者和孩子們獲益。

　　在美國，我們認為對教育成功與否的評價，過分地依賴於心理測驗和標準化測量，而且，這種把標準化學業課程和具有同樣傾向的標準化測驗，推向學前教育的壓力正與日俱增。教育系統成了篩選機器；以一個標準評價學習，並看誰適合這個標準才讓誰受教育。

　　光譜計畫力圖倡導一種完全不同的方法，讓教育去發掘每一個兒童的特點，適應他們的能力水準，並使他們得到最大程度的發展。這是幼兒教育的一種重新定位，因為它強調每一個兒童獨特的、與眾不同的能力；重視以系統的方式，在自然的環境裡觀察、了解、評價兒童的學習和發展；並提倡把這種方式融入幼稚園教室每天的日常活動中。光譜計畫的經驗證明，所有這些理念、思想都是可實踐的。

　　儘管我們知道台灣的情況與美國盛行的做法有著巨大的差異，但是，我們希望光譜計畫的工作及其理念能引起台灣讀者的興趣。除此之外，我們還希望藉由本書的中文版，進一步促進中美之間在幼兒教育和兒童發展方面的觀點和經驗的交流。

David Henry Feldman
Howard Gardner

前　言

　　在這本書中，我們將說明光譜計畫（Project Spectrum）的歷史。這個長達十年的研究計畫主要是發展一種不同的課程與評量方法──在此種課程與評量中，強調尊重幼兒園和小學低年級孩子的不同興趣和能力差異。

　　當學者所提出的心理學理論，實際應用到教室時，或更擴大地推廣到社區時，將會發生什麼影響呢？本書將針對這些影響的情形詳細描述。在本書中，霍華·迦納（Howard Gardner）的多元智慧理論（multiple intelligences）和大衛·亨利·費爾德曼（David Henry Feldman）的非泛文化理論（nonuniversal theory），對於學習方式的個別差異提出了非常有說服力的觀點。把這些觀點應用到幼兒教育時，這些觀點告訴我們，每位孩子都具有獨特的能力或多元智慧的剖面圖；此外，這些智慧並非固定不變的，在由啟發性的教材教具和活動所構成的教育環境中，可促進孩子們的智慧。

　　我們以光譜教室的方式，嘗試將理論有效地付諸實踐。經由本書彙整我們的經驗，希望能與讀者──教育專業人員與關心兒童教育的工作者──分享我們的研究中所獲得的深刻感想。

　　《因材施教》（Building on Children's Strengths）這本書，是由一群人共同合作、長期貢獻於光譜計畫的成果。擔任執筆撰寫的是五位研究人員，他們分別是：塔夫特大學（Tufts University）的教授大衛·亨利·費爾德曼，哈佛大學零方案（Harvard University's Project Zero）的教授霍華·迦納，他們兩人創立這個計畫，並且提出了計畫架構；瑪拉·克萊奇維斯基（Mara Krechevsky），她投入非常多的心力在幼兒能力的評量方面；陳杰琦（Jie-Qi Chen），她對於如何善用孩子的專長非常有興趣，並且希望藉此幫助在學習基本技能上有困難的孩子；以及致力於將社區資源帶入教室的茱利·芬絲（Julie Viens）。另外，愛蜜莉·伊思柏格（Emily Isberg）也加入了我們的陣容，幫忙撰寫和編輯這本書。這本書由所有作者共同規畫

和進行書中所有書寫的部分；因為克萊奇維斯基、陳杰琦和芬絲對於本書有同等分量的貢獻，所以我們依照作者姓名中第一個字母先後順序，為作者排序。在這本書中，費爾德曼與迦納分別撰寫緒論和結論這兩章，不僅充分說明了這個計畫的目標，也展現了本計畫的成果。

在第一章中，費爾德曼提出了光譜的理論根源和背景，也就是他的非泛文化理論與迦納的多元智慧理論，這兩種理論都極力反對傳統的人類智慧觀點，且強力主張，在學校傳統重視的一般能力之外，或智力測驗和其他標準化測驗所測出的能力之外，孩子們還擁有更廣泛的能力。許多學生受到紙筆測驗的結果之苦，被貼上愚鈍標籤，其實他們可能具有視覺藝術、肢體動作、社會理解，或是其他領域的才能，而這些才能都可以用來作為學習學校課程的切入點。

第二章中的內容，描述我們在麻州麥德佛市（Medford）的幼兒園中發展的評量方式，這種評量能夠廣泛而詳細地描繪出孩子的能力。根據我們在教室中的經驗發現，如果沒有事先提供孩子一些學習的經驗，那麼通常無法評量孩子的能力。當我們試著在實作性的真實任務情境中評量孩子們時，我們會讓孩子使用「該領域的工具」（tools of the trade），例如：在視覺藝術活動中採用顏料或是麥克筆；在機械科學活動中，使用鉗子；在說故事的語文活動中則以玩具人物道具作為材料。有時候孩子們對於指定採用的教材教具，或是使用的方法，感到有些不習慣。所以我們花了一些時間設計出一些活動，引導孩子認識評量活動中所要檢測的能力類型。同樣的，我們也創造出一種教室環境，在此環境中，評量和課程相互奧援，兩者共同促進和檢驗孩子們在不同領域中的成就。

在第三章中，我們介紹光譜計畫的第二階段。在第二階段中我們探討的議題是，學業成就低落的孩子，是否能夠藉由發現他們的專長領域能力，並且加以發展，以增進他們的學業成就。教師們藉由設立學習中心的方式，讓孩子去探索樂器、木工用具，和其他富有啟發性的教材教具。因此在本章中我們將討論進行這種學習中心時所遭遇到的困難，以及教師們發現學生具有從未料想到的能力時的興奮感。最後，我們也將說明教師們針對孩子的興趣和能力，引導孩子學習學校課程時所用的技巧。

在後續的兩章中，主要呈現我們結合教室和廣大社區教育資源，以充分發展孩子的能力所做的嘗試。特別值得一提的是，我們在波士頓最貧窮的一個社區中，結合了兒童博物館的資源，讓孩子們能夠按照自己的步調，從追求自己的興趣中學習；並且根據孩子們的長處和興趣，找出相配的師傅——藝術家、運動家、都市計畫者與其他專家，和孩子們一起工作。在第四章中，我們將說明這項「兒童博物館和教室」的統整學習經驗。在第五章中，我們則會敘述師傅方案的成效。

如同任何一個正式的研究計畫一樣，光譜計畫也在一九九三年畫下了句點。但是它所產生的觀念已經深植人心。美國境內許多學校和社區已經開始自光譜計畫中選取他們最喜歡的部分，加以修訂，以強化課程，發展以實作為主的評量，擴大對「資優和天才」（gifted and talented）的定義，將需要協助的特殊學生融入教室中，設法和不會說英語的孩子溝通，並且創造出開放的學校文化，讓教師們朝向共同的目標努力。在第六章中，我們呈現四個例子，這些例子中的教育工作者，以他們自己的獨特方式，使用光譜計畫來處理他們面對的教學問題。這些故事分別發生在波士頓、紐約市、華盛頓特區，以及西雅圖等城市外圍區域的公立小學中，我們試著從這些例子中，找出光譜教室或學校所獨具的品質。

在第七章中，迦納從許多不同方面探討他和費爾德曼的理論在教室教學實務上所造成的影響，以及這些教室實務經驗對他們的認知發展觀點的回饋。迦納說，光譜在許多方面，像是理論和實務、教師和研究人員、學校和社區，乃至於最重要的，在孩子的擅長領域和必須要學習的課程能力間，扮演了橋梁的角色。

光譜不是一套測驗或是課程單元，相對的，它是一種架構，一種考慮孩子的成長和孩子的專長的方式。我們希望它能夠提供一些新的觀念、啟示和支持，讓你能創造出一種最理想的兒童教育情境。

總校閱序

從零到炫麗的光譜

　　當你看到光譜計畫這個名詞時，請先想像一下，天邊的彩虹，一層層的色層，匯集成令你眼睛一亮的奇景。你是否曾經這樣的聯想：我們人類群族，每個人所擁有的獨特性，是否也像一道彩虹？當每個孩子有機會展現他們各自擁有的潛能時，是不是也像色彩豐富的彩虹一樣？是的，光譜計畫如同它的名字一樣，它的目的希望能採用不同於傳統的智能評量方式，找出每個孩子各自獨具的多元優勢能力，並且根據這樣的優勢能力，提供合適的教育方案，讓孩子展現出獨特的光彩。

　　光彩的出現，背後是長期的支持和努力，光譜計畫也是如此。

一、從零開始

　　光譜計畫源自於哈佛大學零方案（Project Zero）研究計畫。零方案研究計畫的形成，起於一九六七年，當時哈佛大學學者 Nelson Goodman 組織了一個研究團隊，結合哈佛教育研究所中的著名學者，如 Howard Gardner 和 David Perkins 等人，共同致力於研究人類認知與發展的歷程。一九六○年代，正是行為主義學說在教育與心理領域中最盛行的時刻，然而 Goodman 等人卻主張藝術方面的學習也是人類認知活動中的一環，應該積極地進行嚴謹的研究。同時他們體察到一個令人深思的現象，也就是，多年來（以當時六十年代的情況）這個領域中令人信服的具體研究成果仍然是「零」。因此，他們便為自己的研究計畫，取名為 Project Zero。自我期許，從零開始。

　　至今，零方案對於兒童、成人與組織的學習歷程發展方面，進行各種研究，已有三十四年的歷史。在這漫長的旅程中，零方案始終維續著他們對藝術領域方面熱情的投入，但是也陸續地將觸角擴及到教育中的各個學

科領域——不僅只關注個人的層面,也重視教室、學校和其他的教育文化組織對於研究結果的應用。

　　光譜計畫就是其中之一。這個計畫的醞釀,等待基礎理論的成熟,共花了十七年。

二、光譜的旅程

　　一九八四年,當文學家歐威爾筆下所預言的「1984」新世界尚未來得及實現的時刻,零方案的研究團隊已經整裝進入一個新旅程。Howard Gardner 在一九八三年出版了二十世紀後期研究人類智能最具影響力的一本書「*Frame of Mind: The Theory of Multiple Intelligences*」。就研究上來看,這是人類智能發展研究上一項重要的創新想法之一,但是,最重要的,也是我要特別指出來的,人類學習歷程與發展的最佳試驗場不在大學研究室和實驗室,而是在教學現場。光譜計畫,值得國內外重視的地方,就在它走出研究室;十年的計畫過程中,他們與學校中的學生、老師、家長與社區同在一起。

　　光譜計畫在十年的努力之中,如果有歡喜收割的成果,平心而論,要歸功於兩個影響力非常深遠的見解,作為計畫推動的指導理論,其一是 Howard Gardner 的多元智慧理論,其次是,塔夫特大學 David Henry Feldman 的非泛文化理論(Nonuniversal Theory)。Feldman 不同意皮亞傑的觀點,皮亞傑認為所有的個體在發展改變上有共通的次序。然而 Feldman 主張積極的外在支持和個人的努力,才是個人認知發展上更有解釋力的影響因素。揉和這兩種觀點,使得光譜計畫在研究的設計和進行中,充滿了人文的精神。光譜計畫不僅是一個研究,而是一個充滿關懷的教育行動,他們深知自己是教育社群一份子,在研究進行中,積極回應學生的發展、學校的教育目標和家長的關切。

　　基本上來說,從一九八四年至一九九三年間,光譜計畫的基本信念是每個孩子擁有不同能力組成的獨特剖面圖,或是智慧的光譜。而這些智慧並非是固定不變的,它們可以在充滿啟發性的材料和活動而形成的教育機

會中，得到滋潤和成長。因此，這個計畫中有兩個重要的階段。第一階段為一九八四年到一九八八年。在這段時期中，研究者針對七個領域方面——語言、數學、音樂、藝術、社會理解、科學、肢體動作等，設計了相當具有開創性的評量活動，以找出孩子的獨特優勢能力。第二階段為一九八八～一九九三年，研究者將研究計畫的結果推廣到學校中。此時，他們著重四方面：利用已經發展出來的評量活動，進一步修改成評量的量表；設計學習中心的活動幫助孩子發展各領域中的能力；將光譜的架構和兒童博物館形成合作關係；以光譜計畫的方法為基礎，創設了師傅方案（Mentoring Program）。

這段十年的旅程中，分別形成了三本書：第一本：*Building on Children's Strength: The Experience of Project Spectrum*（因材施教：多元智慧之光譜計畫的經驗），綜合敘述了整個計畫的歷史、研究觀點和在教室現場、兒童博物館和師傅方案的設計等。第二本書：*Project Spectrum: Early Learning Activities*（光譜計畫：幼小階段學習活動），則詳細的收錄了他們在光譜計畫中為啟發兒童在各領域發展，所設計出的各種領域的學習活動。而第三本書：*Project Spectrum: Preschool Assessment Handbook*（光譜計畫：幼兒教育評量手冊），則細膩的描述了各個能力領域的評量活動，以及每一個活動的設計、實施、計分與結果。

同時，由於光譜計畫對於家長的關注，也了解回應家長是研究計畫中不可忽略的一部分，因此這個計畫不同於其他研究的地方是，它也為家長編寫出各個領域的親子共做活動。研究計畫與普羅家庭的溝通，用心之深，這本書最能令人看見。

三、光譜計畫的中文現身

我在這幾年中參與教育部推動多元智慧理論本土化的研究，並且也在基隆市參與地方實驗小學的設立與課程規劃，因此非常關注 Gardner 和其研究團隊，以及其他國內外學校實施多元智慧理論的經驗。很有幸地，參與這一套書的第三冊翻譯工作，略盡一己之力。我很高興另外兩位來自幼

教工作界的朋友葉嘉青老師和朱瑛老師，也不辭辛苦地擔任譯者的工作，在此也致上最高的敬意。書中的內容由於涉及七到八個領域，每位譯者都歷經了繁複的理解與查證工作，務求譯文能夠為國內教師實際參考時，不僅忠實反映原計畫的涵義，同時也讓國內讀者感覺淺顯易懂。國內有關教育書籍的翻譯，由於尚未有共識，因此某些名詞向來未能有統一的譯名。在這一系列三本書出版之前，我們也試圖盡最大的努力，將重要名詞或概念的譯名加以協調，但由於有些名詞沿用已久，若要一次更動，恐怕也讓讀者混淆，因此，在慎重考量之後，某些名詞仍然保留其譯名的彈性。我對這樣的彈性賦予正面積極的期許，希望每位閱讀者悅納我們對於譯名上的包容，每位閱讀者經由理解書中深入淺出的理論說明、活動設計的來龍去脈，結合自己的背景經驗，加以反芻，產生自己的見解和深度的應用。

國內學界與學校對於多元智慧的理論也許不再陌生，然而對於實施的部分，仍然有許多的成長空間。尤其在九年一貫課程推動之際，不論是在幼兒教育或小學階段，或中學階段，對於教學目標、課程和評量的精進方面，都有很高的需求。然而，就目前課程改革試辦和初步實施的結果來看，教學活動中固然充滿了熱情活潑的氛圍，但是真正核心的「學到帶得走的能力」和「實施多元評量」兩部分，仍然需要進一步的深思和努力。我和現場教師協同研究的經驗中，也深刻發覺，「基本理論的澄清」和「實務的研發」兩部分，是當務之急，也急需大量有效資料的閱讀。這一系列書籍中文版的上市，正值國內教學革新的轉變之際，我深信十年長期的研究精粹，正是支持國內有心的教育工作者的最佳禮物。而這一系列書籍中所提供的理論、學習活動和評量方式，正是教師用以精進教學品質的最有利的閱讀資源。

最後，感謝心理出版社獨具慧眼，為這一套書長期的堅持和督促。群書喧嘩的翻譯市場中，心理出版社專業的堅持和勇氣，每位教育工作者和讀者應該給與最大的支持和掌聲。

梁雲霞

譯者序

在教育改革聲浪鼎沸，人人關心應該如何透過教育將我們最年輕的一代引導到適宜方向的此時，很高興有這本介紹光譜計畫的書出版。光譜計畫是以每位孩子都具有特殊的專長，以及沒有一位孩子的智慧剖面圖是相同的信念為基礎，將理論與實務相結合，以連續超過十年的歷程去試圖發展出一種新的幼兒教育取向。光譜取向可供有心人士作為多方面的參考之用，像是一種評量的技術，一套吸引幼兒的課程活動，或是一種有助於課程調整的要素；甚至更廣義地來說，光譜所提供的理論架構將有助於引起我們對於孩子的成長知識，以及孩子所顯現出的擅長領域方面的認知的重要改變，並且去創造出就幼兒的學習而言，一種最理想的教育氣氛。

光譜被設計成促進教育實務成長的一種動力，它的目標及價值在於強調接受每位孩子的天資、能力、氣質，以及熱中於事物間的相異性；發現孩子的專長，以協助其增加自信、快樂，以及對於他人的尊重。光譜並且將學校延伸到資源豐富的真實世界中，運用活潑和實務的方式去增強教室中的經驗，使孩子對於自己的能力和興趣有所認識。光譜所著重的師傅方案，正是希望藉由學校工作人員和社區間分享專門技能的機制，去突破標準化測驗偏離在真實情境中做評量的忽略和偏見，以幫助孩子們呈現出多元和獨特的面貌；另外，並鼓勵以融合教育的方式，減少將孩子帶出原班級接受補救教學的需要。雖然現今光譜計畫已經告一段落了，但是它的理論仍然持續地在發展和精進中，將開發出更多元的智慧領域，以提供孩子們更廣泛的選擇，協助其認清自己獨特的能力和興趣，以及非常具體的發展前途。

在美求學期間，曾參加過一些有關於如何將多元智慧理論和非泛文化理論應用到幼兒教育中的研討會，以及參觀了一些採行光譜架構和社區學校合作結盟的兒童博物館，當時就對光譜計畫（Project Spectrum）非常有

興趣，也一直希望有一本對於光譜計畫有一全面性介紹的書可供參考研讀。很高興參與光譜計畫系列叢書的翻譯，在翻譯的過程中，一方面希望呈現出光譜計畫的精彩，另一方面也為了忠於原文字面上的意思，而不斷地在文章的字裡行間仔細地推敲琢磨，以期讓這本譯本儘可能地符合信、達、雅的原則，然而其中仍恐有一些疏失或不盡理想處，尚祈各位先進能夠不吝指正。在此要特別由衷地感謝海洋大學教育學程中心的梁雲霞教授，悉心地給了我許多在專業和翻譯方面的寶貴意見；也要感謝我的好友──台北市立師範學院初教系的徐世瑜教授，在翻譯的過程中經常和我討論書中的內容，並予以鼓勵和支持。當然也要感謝心理出版社的總編輯吳道愉先生和編輯陳文玲小姐促使這本譯本能夠順利地出版。最後抱著一種與朋友分享的心情，熱切地期盼透過這本譯本，能夠讓讀者愉悅地優游在這個值得鼓舞、震撼人心的行動研究歷程中，並因著自己不同的經驗和專業背景而得到屬於個人獨特的心得與感想。

葉嘉青

目　錄

1｜光譜計畫的緣起　001

2｜啟發兒童的心智　025

3｜光譜學習中心　065

4｜建立合作關係：學校和博物館的夥伴關係　097

5｜建立合作關係：光譜取向的師傅方案　119

6｜光譜的多元風貌　153

7｜光譜的橋梁　193

◆ 附錄 A　光譜活動說明　207

◆ 附錄 B　光譜計畫的關鍵能力　215

第一章

光譜計畫的緣起

大衛·亨利·費爾德曼

（David Henry Feldman）

假設有一個孩子，在肢體動作方面有著令人驚異的魅力以及表現的潛能，但是她的教師卻因為自己的壓抑和負面的兒童期經驗，而不提供孩子各種有關肢體動作的活動；假設另外一個孩子，喜歡並且能夠透過音樂來表現他自己，但是他的教師和父母卻都不和他一起聽音樂、彈奏樂器，或是唱歌；再假設另一個孩子，能夠以圖像來做思考，並且能夠很清楚地在腦海中看到一幅地圖、一個年代紀事表，或是削鉛筆機的分解圖，但是他的教師卻因為他無法用言辭來表達自己的想法，而認為他是遲鈍的。

在這些孩子身上會有什麼樣的故事發生呢？如果學校的課程是用不同的方式來教，他們是不是就不需要如此掙扎？是否這些孩子只是在傳統的學校標準中看來有一些笨拙，但長大之後卻能夠展現各自的天分，成為一個發明家、歌唱家、飛機駕駛員、機械師、網球教練、鋼琴調音師，或是工程師？或是他們會因為經常被貼上失敗者的標籤，變得容易自暴自棄？當孩子的潛能沒有辦法透過一些適當的途徑表達出來時，會失去什麼東西呢？若是我們能找出每個孩子的專長，又將會獲得些什麼呢？

在社會大眾普遍關切公共教育的品質之下，我們的眼前擺滿了令人眼花撩亂的各種學校改革計畫；這些計畫中所提出的改變，從些微的改變，例如：對教師制定新的檢定標準，到激進的改革，例如：顛覆整個教育系統成為私立的體制。其他提出的方式尚有：家庭擁有較大的學校選擇自主權、重新平均分配日漸匱乏的教育資源。不過，其中衍生最多爭議的，就是追求課程的標準化，尤其是狹隘地局限在幾項當今社會所需的基本能力上。

在這裡，引發爭論的焦點並非是基本能力課程是否重要。事實上，閱讀、算術，以及其他相似的學科的確都是學校教育的必要目標，但是我們強調的看法不同。我們認為：貢獻社會和有利於社會

的方式，有許多不同的途徑。對我們的學校和家庭來說，發現每個
孩子對社會所能夠發揮的獨特貢獻，和確定每個孩子能具有適應社
會的能力，這兩項事情具有同樣的重要性。

此外，我們不同意所有的孩子都應該要用同樣的方法去學同樣
的東西。已經有愈來愈多的證據指出，人類的心智並不是完全相同
的。這個世界有許多不同的理解和思考方式。因此，如果教師和學
校愈深入了解他們的學生，以及他們不同的學習方式，那麼教師和
學校也愈能幫助學生獲得他們所最重視的技能。

對於那些希望讓學校變得更一致化的人來說，要他們去注意孩
子的個別差異，可能是我們的奢望。但是在我們眼中，承認孩子的
多元差異性是必須的，也是學校改革所應該努力的方向。假如我們
忽略了各種不同的人類能力，而只集中焦點在一些紙筆測驗所呈現
的能力上，那麼，許多孩子即使不是徹底的失敗者，也將處於長期
的挫折和失望中。我們相信善用人類各種興趣和能力——例如：音
樂、視覺藝術、肢體動作，和社會關懷等等領域——才能幫助所有
的孩子發揮所長。

十年前，迦納（Howard Gardner）和我在哈佛大學零方案（Har-
vard University's Project Zero）與塔夫特大學（Tufts University）的一
群研究者的共同合作下，首先展開光譜計畫——試圖找出幼兒各自
擁有的優勢智慧。我們決定從學前教育開始進行。一方面我們想要
知道不同的智慧潛能可以多早被察覺出來，另一方面我們也相信，
孩子的能力愈早被找出來，孩子、教師、教育行政人員，和父母就
有愈多的時間，一起努力去發展這些智慧，那麼那些具有非傳統領
域能力的孩子，將較不會遭到失敗的折磨。有一些研究指出，早在
孩子小學三年級的時候，就可以藉由學業成績的評量去預測出哪些
學生將無法完成高中學業，而遭到退學的命運（cf. Slavin, Karweit,

& Madden, 1989）。雖然這些研究結果可以有許多不同的方法詮釋，但很顯然的，假如學校在孩子就學的頭幾年中不採取行動，那麼將可能永遠喪失機會。

我們在史賓賽基金會（Spencer Foundation）的經費支持下，在一九八四年展開了光譜計畫。當時，我們以不同的方法，深入探究人類認知的本質。前幾年，我出版了 *Beyond Universals in Cognitive Development*（1980/1994）一書，其中檢視了兒童擁有的許多獨特發展領域。迦納也於同時期出版了 *Frames of Mind*（1983/1993）（中文版書名譯為《7種IQ》）一書，在其中提出了現今眾所皆知的多元智慧理論（MI theory），擴展了我們對於人類思考的界定。雖然我們的研究工作是以科學的探究為出發點，但是社會大眾對我們的回應，也讓我們注意到此研究在教育上的應用。我們很想了解是否能夠針對人類智慧的廣闊領域，發展出一種更為適切的評量方法，而非目前流行的標準化測驗。

我們選擇這個計畫的名稱，代表我們希望每個孩子所表現出來的智慧、風格和特質如光譜般廣闊。我們希望教師、父母和孩子自己，能夠更清楚了解到可以用許多種不同的有效方式來表現多元的潛能。當然，關鍵就在先找到一些方法，評量出我們所確信已存在孩子身上的多元性。

雖然這件工作花費的努力和時間遠超過我們所預期，但是我們發現，透過光譜計畫確實可以用非傳統的方式評量出四歲大幼兒的能力。接下來，我們的研究重心就放在教室中的教師與課程設計者如何運用評量所得出的結果，產生更符合孩子個別需要的教學方法、課程和教室設計，以及老師們如何應用光譜計畫的資訊去反省自己的經驗和教學實務（Schön, 1983）。

後來，我們決定在一個小學試用我們的評量活動。我們針對一

群學業成就低落的一年級學生，應用他們的優勢智慧，發展出教育方案。因為教師不太可能在孩子所擅長的各項領域方面都是專家，所以我們後來便設法將學校和社區的資源結合起來。我們發展出了學前教育和兒童博物館間的合作關係，並且將類似專長和興趣的一年級學生與師傅搭配成對。雖然這個計畫已經結束，但是這些觀念仍然持續發展中。美國各地的教育者各自依照他們的需要，修改光譜計畫的方法，積極地應用於教育工作中。

　　每次當我們試著將光譜計畫擴展到新的領域時，我們就會碰到未曾預想到的困難、問題和限制，因而必須在技術層面上去做調適。經過了這幾年，我們更體會到：要去解決有關教育中的一些問題是多麼困難，資源和拒絕改變的勢力之間是多麼糾纏不清，但是對於每種新的情況我們都要善加了解，並且感激它教導我們認識人類的多元性。不過到目前為止，我們始終試著去保持光譜計畫的中心目標：藉由找出並且支持孩子獨特的優勢智慧，幫助教師、父母，以及孩子自己去欣賞他們不同的潛能，以便找出一些方法豐富孩子們的早期成長經驗。

＊　＊　＊　＊

不同評量觀點的比較

＊　＊　＊　＊

　　雖然有許多教育者和我們一樣，都希望有不同的評量方式（參見 Meisels, 1989），但是有時我們也感覺到自己好像正在和一個潮流對抗——這個潮流就是一九八三年所出版的《處於危機中的國家》（*A Nation at Risk*）（D. Gardner, 1983）所掀起的大眾情緒。從這份受人矚目、影響深遠的文件中，美國國家教育委員會提出了一

個論點，那就是：美國的公共教育水準落後於其他國家，並且也正失去它的領先地位。大致上來說，這個報告是基於以美國大學的入學性向測驗（SAT）和其他幾項國際性的紙筆測驗結果比較，所做出的結論。

這些對於教育品質的譴責，為「回歸基本能力」（back-to-basics）的運動，提供了新的依據，並且對於逐漸鬆弛的標準、貧乏的公立學校課程，缺乏重視傳統教學常見的紀律、管理、教師養成訓練等方面，提出了質疑。因此，柯林頓總統簽署了一個方案，那就是要增加標準化測驗的使用，監測學生的成就，以建立全國的學業成就標準。在這裡，我們必須再次表達，我們並不反對學術的嚴謹，或者設立成就標準。事實上，在設立標準的過程中，教師、教育行政人員、父母，和教育界中的所有其他成員，必須針對「到底什麼是孩子應該學和教師應該教的」這個問題，一起討論和達成共識，這是在進行學校改革時必須做的事情。但是，我反對將教學和測驗局限在少數幾種能力上。

現今許多測驗的概念始於二十世紀初期，當時比奈（Alfred Binet）因應法國政府的要求設計了一種測驗，以區辨出需要補救教學的孩子和表現良好的孩子（Gardner, Kornhaber, & Wake, 1996）。他的「智力測驗」（intelligence test）後來衍生出了智商（intelligence quotient）測驗，而這種測驗是以孩子的心智年齡與實際年齡的比值來算出分數。經過許多年後，智力測驗已經被視為一種專門測驗個人智慧數值和潛能的全能工具。但是在某種程度上來說，因為它們的原始任務是去預測學業表現，因此測驗的重點只是放在語言和邏輯數學的技能上，也就是傳統上能夠幫助學生達到良好學業表現的層面上。假如學生具有與以上兩者不同型態的長處，那麼就很少有機會能表現出他們知道些什麼，或是能夠做些什麼。雖然智力測驗

因材施教

主要是去評量人與生俱來的能力而非學習成就，但是沒有機會接受學校教育的孩子比起有上學的孩子，所得的分數普遍偏低（Ceci, 1990）。

另外，評論家長久以來指出，智力測驗存有文化偏見，亦即受測者必須精通主流文化中的字彙、片語和社會習俗。一九八四年，一份具有影響力的研究顯示（Manni, Winikur, & Keller, 1984），許多來自少數族群的孩子都被編入補救教學的班級，而這些安排通常是以智力測驗的結果為主。很不幸的，許多補救教學並沒有提供個別化的課程，或甚至是文學作品、詩，和與真實世界有關的專題課程，以及能使標準化課程生動活潑的操作性實驗。相反的，他們傾向依賴增加背誦和學習單，這種活動可能讓那些已經對學校失去興趣的學生更感到無聊和挫折。

更進一步的，智力測驗要求受測者在缺乏情境的狀態下——而不是在一種常態活動中，表現心智的功能。但即使是不同領域的專家，就算測驗的內容和他們每天所使用的計算或推理能力幾乎相同，也會在缺乏熟悉情境的形式化測驗方式中表現失常，例如：要他們去裁製衣服、在超市買菜，或在爭吵的場合為自己爭取權利。在這些不熟悉的情境下，專家也會有失靈的情形出現（Carraher & Schliemann, 1988；Lave, 1980；Rogoff & Lave, 1984；Scribner, 1986）。除此之外，人們用來解決問題的許多特質——決斷力、想像力、領導力，和社會理解力等，都無法藉由智力測驗評量出來。其他類型的標準化測驗，被設計來測驗學生的學習成果，但是它們和智力測驗一樣，有許多相同的缺點。一般而言，標準化測驗採用多重選擇的題型，並且可以藉由電腦來計分，所以只接受一個正確的答案。一個具有創意和想像力思考，或者常會停下來對一個問題做深度思考的孩子，在作答時可能無法在短時間內快速地完成這種

測驗。同時，這種測驗中的問題，通常都不是在真實情境下被提出，並且傾向於測驗對事實資料的記憶力，而非孩子未來在工作職場所需的高層次思考以及問題解決的技能。

隨著學校中逐漸增加的標準化測驗，我們擔心孩子們將發現他們自己的命運受制於測驗的結果。雖然傳統的測驗可以合法地使用（例如：個人的臨床診斷，或是分析學業表現不佳的原因），但是現今大部分所用來評量幼兒的測驗，在效度方面是有問題的（參見 Meisels, 1989），並且施測技術的品質也令人懷疑。

這些測驗工具所得的結果，也常被過度地解讀，並且太輕易地就被接受；而測得的成績分數所得到的重視，往往遠過於分數的意義。許多有關教育的重要決定，或許只是在一天中，以單一的測驗所得到的單一分數為根據，就拍板定案了。孩子可能無法入學、升級，或是參與某種特殊的課程，只因為一個單一的分數。根據測驗的表現結果，孩子被安置到特殊教育的班級中，被分到不同的學校，或是被貼上了一個難以改變或是無法改變的標籤。他們可能被「分類」到低能力組中，因而在整個求學過程中，無法翻身。

雖然標準化測驗大部分都是在小學期間才開始普遍施行，但是我們擔心在學術性教學往下施壓的情況下，這樣的測驗將會對幼兒產生深遠的影響。假如學校或是學區的成效，是藉由學生在標準化測驗上所得的分數來評定，那麼學校怎麼敢不早點去教學生這些教材（或是「去教如何回答這個測驗」）？又有哪個時期會比在幼兒期就開始去教學生一些技巧和態度，更能夠讓孩子的學業表現愈來愈棒呢？

然而現在大部分的心理學家都同意，教師使用講述、背誦和作業單的方式灌輸知識給學生，對於學齡前幼兒而言，或甚至是較大的兒童來說，都是不適當的。更確切地說，在幼兒教育方面最有影

響力的專業組織──美國幼教協會（NAEYC），已經提出了清楚的政策聲明，警告並反對以學術取向為主的課程和教育（Bredekamp, n.d.）。

在採用適合兒童發展水準的教學實務中（developmentally appropriate practice），美國幼教協會主張，兒童需要廣泛和無壓力的經驗，除此之外，還需要有許多機會去表達他們自己的興趣，而且他們周遭的成人也該支持這些興趣的發展。他們需要有「以孩子為中心」（child centered）的環境，並且是由孩子自己來決定主要的學習內容。孩子們也不應該被期待和其他孩子一起「同步完成」，或是「比賽做完」某事，應該容許孩子以他們自己的速度成長（Bredekamp, n.d.）。

光譜計畫的目的，就是要發展出一種融合幼兒期學習觀點的評量，這種評量能夠找出孩子在快速的心智成長期間，顯露出來的特殊長處和能力，而這種長處和能力在傳統的測驗方法中很可能會被遺漏。我們希望這種不同的評量方式，對於那些在標準化測驗中遭到否定的貧窮孩子和弱勢孩子，具有特別的影響力。我們也希望未來有更多以自然主義觀點發展出來的評量方式，能呈現出孩子們多元的與個別化的學習方式和成功的方法，進而成為教育改革過程中的有力工具。

＊　＊　＊　＊

理論的背景

＊　＊　＊　＊

到目前為止，我已經概略地敘述了兩種不同的教育改革理念：一種是藉由設立統一的標準，努力提升孩子學業的卓越表現，並且

期待他們都以相同的方法去學習相同的教材；另一種是根據孩子不同的能力以及學習方法，為孩子量身訂作課程，以努力提升其學業的卓越表現。不出所料的，這兩種理念支持的評量典範非常不同，並且對於人類心智的理論，也有不同立場。要在這裡針對二十世紀中的智慧觀點做完整討論，是遠超過本書的範圍的；但無論如何，讀者們或許可以從這本書中，對於兩種重要的思想學派有一些粗略的認識：其一是標準化測驗所根據的心理計量理論，其二是我們的研究所根據的認知發展理論。

　　心理計量理論是建立在下列的信念上：智慧是一種與生俱來的、全面性的，和相當不易改變的特性，這種特質可以數量化。早期的心理計量學者高頓（Francis Galton）相信智慧與感官知覺具有關聯性，並且依此設計出了心智測驗，以測量反應的時間和聽力。在另一方面，比奈將智慧與「判斷」（judgement）視為是相同的東西，他認為智慧是單一的、基本的能力，它的變化或匱乏是實際生活中最重要的事情（Binet & Simon, 1916/1973）。斯皮爾曼（Charles Spearman）於二十世紀初期在英國進行的研究中，提出了每個人都具有「普通智力」（general intelligence）的概念，也就是眾所周知的普通因素（g），幾乎在所有智力測驗中都會用到這種概念（Spearman, 1904）。根據斯皮爾曼的說法，普通因素代表了在各種不同領域中，例如，在拉丁語和音樂領域中，一種去覺察和應用邏輯關係的能力。雖然上述的定義在細節上有所不同，但是後來的心理計量學者普遍認為，智慧若不是一種單一的特質，就是一組因素（例如：反應時間、感官區辨力、邏輯關係的理解力和記憶力），彼此之間具有高度的相互關係。

　　支持普通因素觀點的學者指出，在不同類型的智力測驗之間，以及對於智慧不同的測量方法中，例如：成就測驗的分數、學業上

的成功，及職業地位等，這些測量的結果之間具有相當的一致性，這種情況證明了普通因素的存在（Herrnstein & Murray, 1994）。批評者則認為這種相關性或許只反映出了應試時的技巧，而不是一種內含了判斷和常識的「普通智慧」。事實上，智力測驗分數與職業上的成功之間，其相關性非常微弱（Cronbach, 1990）。

我們自己的理論則是建立在一種非常不同的智慧觀點上，一方面來自於皮亞傑（1983）的研究——他認為智慧是一個建構有用的認知結構的過程。上述心理計量學家的興趣在於發現智慧的個別差異現象，然而皮亞傑的想法不同，他想找出引導人類心智發展的原則。他將智慧看作是一種普遍的特性，所有的孩子都經歷過一系列不同內涵的階段：感覺運動期、前操作期、具體操作期，和形式操作期。

在一系列經典的實驗中，皮亞傑指出，孩子不是成人的縮小版，不同年紀的個體有其獨特的心智歷程（Piaget, 1972, 1983）。在皮亞傑的眼中，孩子持續建構其對世界的了解，堅持他們對於事物運作既有的心智模式，直到透過實驗結果和經驗說服他們改變為止。因此，假如一個嬰兒學習尋找藏在枕頭下的物體，就算他看見成人將它放在其他地方，他還是會在那裡持續尋找。蹣跚學步的孩兒能夠輕易找出物體，但是無法了解物質守恆的原理；他無法了解當水倒入不同大小的玻璃杯時，仍保持了相同質量。同樣的，孩子們在青春期早期到達形式操作期之前，不應該太早就被期待去進行任何類型的抽象思考。

哈佛大學的心理學家布魯納（Jerome Bruner）和迦納共同將認知發展的理論向前推進了一大步。在皮亞傑的觀點中，智慧是自行運轉的，但是布魯納強調文化在提升孩子天賦方面的重要性（Bruner, Olver, & Greenfield, 1966）。布魯納特別探索了保存於文化中的工

藝、科技、符號系統，以及文學作品所扮演的角色。布魯納受到另
一位偉大的發展心理學者——蘇聯的維高斯基（Vygotsky, 1962,
1978）的影響。維高斯基指出，工具的運用以及高度發展的科技，
已經改變了人類的發展，並且擴展了人類智慧的可及範圍與影響程
度（舉例來說，人類擁有溫度計，並且知道如何去使用它，那麼將
能提供重要的資訊給科學家、醫師、陶藝家和大廚師）。這個理論
說明了教育具有擴展個體能力的功能。

　　對我們而言，在一九七〇年代和一九八〇年代間最受人矚目的
理論，是皮亞傑認知發展研究中的泛文化理論（universal theory），
尤其是該理論的主要論點和它的限制。雖然皮亞傑在他的一生中，
對於孩子的心智發展做過非常詳細和影響深遠的研究，但是我們對
於其研究中的某些觀點不盡然同意。實際上，皮亞傑幾乎不談藝術
方面的發展，而將焦點局限於邏輯數學智慧上。他沒有討論到的一
些重要問題，包括了什麼是發展上產生改變的機制、在個體間存在
差異的原因，和教育能影響發展的方法（Feldman, 1980/1994；H.
Gardner, 1991）。另外，他假設發展是以相同的方式和速度發生在
所有的智慧領域中，針對這個觀念，迦納和我都分別研究過，並且
會在稍後的章節中予以反駁。

　　儘管有這些限制，皮亞傑的認知發展理論，經由強調所有文化
中、所有孩子在智慧發展中的基本共通性，已經將心理學的領域提
升到另一個階段。皮亞傑認為每個孩子自主掌控認知發展的結果。
簡言之，發展心理學者關切的核心問題是改變和轉換，而認知發展
理論的核心就是討論個體如何產生改變。

　　總之，心理計量理論認為，智慧是與生俱來的、不變的與全面
性的，這種觀點在所有主流的智慧理論中是最不具有發展觀點的。
因此，從我們發展主義者的立場來看，我們認為它無法明確地解釋

因材施教

智慧的成長和改變。

在我們參與社會科學研究委員會（Social Science Research Council），主持有關資優和創造力研究的過程中，清楚地看到這些理論所提出的不同方法在教育上產生的影響（cf. Feldman, 1982；Feldman, Csikszentmihalyi, & Gardner, 1994）。我們發現心理計量取向對於創造力和資優領域完全沒有實際的幫助。然而學校和精修班課程卻經常使用智力測驗或是其他種類的標準化測驗，選拔進入資優班課程的學生——儘管這些測驗無法偵測出創造力、動機、藝術能力，或是其他產生傑出表現的特質。我們已經投注多年的努力，試著將心理計量觀點轉換到以發展為基礎，目前這個過程仍在繼續進行中（cf. Feldman, 1982; Feldman et al., 1994; Morelock, 1996）。現在的研究者，包含我們在內，開始著重研究個體如何在某一個領域中變成傑出專家的過程，並且發展評量方式，例如，成長檔案和作品展示，藉由審查個人完成一件作品或在某個領域的表現，找出那個人所具有的天分。

我們的合作經驗為光譜計畫打下基礎，更進一步想影響評量領域。然而我們的目標是相似的：將心理計量為基礎的評量領域，轉移到以認知發展為基礎的領域（H. Gardner et al., 1996）。在從事這個計畫的頭一年，我們認為光譜計畫應該有自己的一套建構要素和特徵，而不應該只是我們任何理論的一種簡單應用。若要比較清楚地了解我們是如何形成一種中間立場，首先應該要約略地了解這些理論。

非泛文化理論

我帶到光譜計畫中的觀點稱為非泛文化理論（nonuniversal theory）（Feldman, 1980/1994）。它的基本架構中，擴展了發展心理學的範疇。涵蓋的認知改變層面，包括了非自發性產生的、要透過個體努力的，以及透過外界支持（也就是某種教育的方式）才能形成的認知改變。它的中心假設認為，在孩子和成人所進行的活動中，有許多活動都是具有發展性質的，但卻不一定具有泛文化的一致性。對於泛文化這個名詞，我採用皮亞傑的說法——它是一種不能改變的發展順序，所有個體不論來自於何種背景，在一般正常情況下，每個個體都可以達成。

非泛文化理論則認為，許多活動「領域」，對於所有個體和群體來說，並非都是一致的，也無法保證他們在每個領域都會成功。例如，彈鋼琴、理解經濟學理論就是兩個很好的例子。這些活動具有發展性質，每一種活動都需要達到一種抽象思考的水準才能學到；但是它們也具有非泛文化的性質，不是每一個人都能夠（或是想要）完全做到。事實上，非泛文化理論極力認為，我們在大部分的時間裡是在非泛文化的領域中追求專門知識。如果我們想要了解人們如何在非泛文化的領域中做選擇，從事、追求和達到高深的專業水準，我們需要一個理論架構，它不主張（就像皮亞傑所說的）所有孩子在最後都會達到發展的最高階段（不同的觀點可參考Ginsburg & Opper, 1988；Piaget, 1972）。

雖然非泛文化理論並不是為了吸引人們注意孩子、團體和文化間的差異而特別設計的，但是它可以被應用到這個目的來——這就是它在光譜計畫中的角色。「非泛文化領域」（nonuniversal domains）的概念，建議應該讓個體有許多不同的機會去完成其潛能，並且每個孩子都應該被視為具有一種或是多種領域的獨特傾向。我們的目的不是要去否認傳統發展理論的中心假設，而是要去增進和擴展它的最有力假設（但不包括全部的），以便更適當地去解釋孩子

因材施教

的發展。

根據非泛文化理論，孩子在各種不同領域或是知識和技巧中，依不同水準循序發展（參見表 1.1）。這些領域代表各方面發展的最終成就——從**泛文化的**（universal）**領域**，例如：物體恆存概念（當一個物體離開視線範圍之後，知道它仍然是存在的）；到**全文化的**（pancultural）**領域**，例如：語言本身不需要經過正式的教導，在和其他人一起生活時，就會自發性地發展出來；在**文化的**（cultural）**領域**，例如：讀、寫和算術，對於我們文化中的所有成員來說，都被期待要學習到某種程度；在**學科為主的**（discipline based）**領域**，例如：化學或是法律，都需要與一種特別的技術、商業，或是職業相結合；在**特殊的**（idiosyncratic）**領域**，例如：有機化學或是專利法，都意味著專門技術和額外的密集訓練；在**獨特的**（unique）**領域**，例如：雙螺旋的發現或是現代舞蹈的創作，都超越某一種領域既有的範圍，開創出新的格局。

表 1.1　從泛文化到獨特的連續性

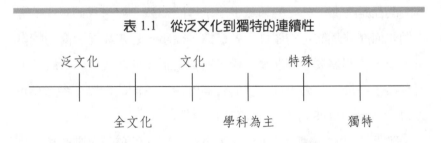

非泛文化理論提供光譜計畫一個架構，以決定評量哪些智慧層面。我們看到光譜計畫包含了從泛文化到獨特領域中間的層面，從文化的領域開始，並且擴及獨特的領域。一般學校的大部分課程，像是算術和歷史都屬於文化的領域。此外，雖然並非每個人都有足夠的特質或能力可以投入所有領域，我們想以一種更寬廣的視野去看待孩子的能力，找出每個領域中獨特的興趣或能力。我們並沒有

期望發現五歲大的自然學家或是詩人，但是我們想知道幼兒如何表現出對於自然界事物或是使用語言的敏銳能力。

我們最後決定發展七種領域的評量：語言、數學、肢體動作、音樂、科學、社會理解，和視覺藝術。這些領域之所以會被選出來，是因為它們在我們文化中的重要性，以及代表了在幼兒身上所顯現出的各種智慧。從非泛文化理論的觀點來看，我們很清楚地知道，我們的決定是基於某種文化背景所做成的分析；每個社會都可以經由自己的分析找出一組不同的領域。

我們使用「成熟的終點行為狀態」（endstates），亦即將社會中重視的成人角色融入光譜的領域中，以幫助孩子們看見學校裡的學習與日常生活表現之間的關係（「成熟的終點行為狀態」概念和多元智慧理論相通，多元智慧理論是一種用來界定智慧因素的理論）。我們必須在我們的文化中，針對某個領域找到相關的「終點行為狀態」後，該領域才能夠被列入光譜評量。舉例來說，當我們去分析語言領域時，會將焦點放在三種重要的終點行為狀態：詩人、記者，和作家／說書者，找出和這三種角色有關的能力群組。這個目的不是將孩子做分類，或是貼上標籤，例如：未來的記者或是小說家，而是要幫助我們將焦點放在學生能夠表達他們自己，以及或許未來能夠對社會有所貢獻的領域上。

非泛文化理論的另一個主要目標是了解轉變的過程，亦即當個體發展成為專家的過程中，如何從一個發展的階層進步到下一個階層的方式（Feldman, 1980/1994, 1986）。因為教育是要建立一些情境，讓孩子們能夠達到精熟和精進他們未來努力的方向，所以有關轉變的研究就更為重要了。光譜計畫不僅想要找出孩子的專長領域，也想找出有關促進孩子正向改變的因素。不過，目前可確定的是，光譜計畫在這一方面還未達到我們希望的目標，但是我們仍然

秉持著這個重要目標。

在光譜計畫和其他評量方式中，還有一些問題仍須解決，舉例來說：應該如何判別「快速發展，但是只是普通的能力」和「傑出的天賦潛能」之間的不同，以及怎樣才算是發展上的轉變，而非只是局部的、表面的改變。作為一種發展理論，非泛文化理論讓我們將焦點集中在許多不同的領域上和專業能力的改變上，這兩者具有相當重要的教育意義。

多元智慧理論

就大多數讀者而言，我們毋須對多元智慧理論再多加贅述了。迦納在多元智慧方面的成就，已經遍及教育界所有角落，成為一項重要的議題。已經有許多人以各種不同的方式，將多元智慧應用到教室中，它所涉及的範圍從作業和測驗，一直到政策和課程表的改變等。在過去大約十年間，幾乎所有教育領域都應用過多元智慧，並且它在教育改革中也顯示出了不可磨滅的重要性。以這本書和其他光譜系列叢書的目的來說，其實並不需要再詳盡地描述多元智慧；現在已經有許多書籍充分介紹這個理論（cf. H. Gardner, 1983/1993, 1993；H. Gardner et al., 1996）。此處，我們只對多元智慧做精簡說明，或許有助於讀者了解它和光譜計畫之間的關係。

多元智慧理論主要是想擴展「智慧」所包含的心智運作範圍。如同先前所討論的，在美國和許多西方文化中對於智慧的解釋，傾向於將其視為個人在智商測驗（IQ test）中所得到的分數。在最近幾年中，許多學者已經對智慧提出了新的定義。舉例來說，耶魯大學的史騰伯格（Robert Sternberg）發展出了智慧的三元論，他在其中分析出個體在解決問題時，所使用的各種資訊處理機制（informa-

tion-processing mechanisms），並且深入探討經驗對這些機制所帶來
的影響。康乃爾大學的西希（Stephen Ceci）則提出了一種認知的生
物生態學觀點（bioecological view of cognition），他強調在完成某種
需要智能投入的工作時，知識和情境具有相當高的重要性，而非只
需要抽象的問題解決能力而已（H. Gardner et al., 1996）。而迦納強
調的是，在不同的文化和個體間，智慧有不同的形式，他主張這些
不同的形式是來自於心智的基本架構。

　　迦納將智慧定義為「解決問題，或是創造出某個社會重視的產
品的能力」。根據多元智慧理論，所有個體具有不同程度、至少七
種相對獨立的智慧領域，其中包括在大部分的智力測驗中都提及的
語言和邏輯數學的能力，以及音樂的、空間的、肢體動作的能力，
以及人際和內省的能力（對自我和他人的了解）。最近迦納又提出
了第八項智慧，就是自然觀察者智慧；它所表現的特徵是對於自然
世界有良好的感應（H. Gardner, 1998）。有趣而值得注意的是，這
個領域從光譜計畫的最初幾年中，就已經被包含在一系列的光譜能
力裡。這就是實務應用的結果回饋到理論的一個例子。

　　每一種能力要被認定是一種智慧，必須能夠充分符合一些標
準。包括可以由大腦損傷研究中看出它獨立運作的情形；從傑出學
者、天才和其他具有這種能力的特殊人物身上，看到這些能力的存
在；從心理學的研究和心理計量學的研究中得到證據支持，包括在
各種測驗中發現相關性，進化原則的合理性推論，以及在一組可界
定清楚的終點行為狀態中，能呈現出明確的發展軌跡。另外，每一
種智慧都必須有一個或是一組可以定義的核心操作方式，就像是能
夠在一種符號系統中（例如：語言、數學、繪畫，或是音樂的音
符）去編碼一樣。

　　多元智慧理論與非泛文化理論的結合，幫助光譜計畫確定要對

哪些領域進行評量。光譜計畫中所提出的領域,不是直接套用七種智慧,而是看智慧在幼兒身上所出現的情形。此外,智慧不是在各自孤立的情況下去運作的;個體必須要綜合運用幾種智慧去完成一份工作,例如:下西洋棋,或是修理汽車引擎。在某個光譜領域中的表現,例如,在社會理解方面,或許需要一種以上的智慧(內省和人際智慧,以及視覺空間智慧);而且社會理解能力或許能夠在幾種不同的領域中被施展出來(例如:視覺藝術、機械和建築的領域)。我們也必須去做一些調整,以便將智慧轉化成適合學校,且容易被教師、父母,以及孩子們了解的類型,這也是光譜計畫的重要目標。

多元智慧用許多不同方式引導光譜計畫的進行。前面提到符號系統的調查和不同智慧的獨特「核心運作方式」(core operations),幫助我們在光譜計畫的領域中,找出孩子所需表現出的主要關鍵能力。這些主要能力的確認,也幫助我們產生一些方法,在學校中和學校外,去支持和豐富孩子的優勢智慧領域。多元智慧強調經驗和引導性的協助在發展智慧潛能上的重要性,幫助我們身為教師和研究者的人,在促進孩子的探索行為過程中找到應該扮演的角色。

隨著光譜計畫的發展,我們對多元智慧理論的興趣與日俱增。我們相信無論如何,這就像是兩種不同但是互補的理論,光譜計畫已經在評量和幼兒教育上盡了份心力。

* * * *
結 語
* * * *

　　光譜計畫對於目前困頓的教育實務有一些啟示，特別是在測驗的領域。並且它也提出兩種理論，為智力發展的研究增添多樣性和豐富性。原先的兩位計畫主持人和其他幾位合作夥伴，已經開始用各種不同的方式擴展和轉化光譜計畫的經驗。光譜計畫在不同的階段中，始終堅持最初的目標：擴展幼兒智慧潛能範疇，以及盡可能地為這許多的潛能領域，提供實際的評量技巧。

　　這些評量雖然從未被設計去完全取代過去的標準化測驗，但是它們能夠提供協助，找出每個孩子的長處。在這一章的前面部分，我已經討論過了標準化測驗的限制，以及因為它過度強調評量的結果所導致的傷害。或許在這個計畫中有一些不同於標準化測驗的評量方式會遭到批評，而且評量方式中也有一些限制存在，但是在設計和應用時，彰顯了內在的人道主義化和許多的信念及價值觀。

　　光譜評量的設計讓家長、教師，和孩子自己能理解孩子的優勢智慧（在察覺弱點方面也有，但是比較少），並且依此發展自己的長處。光譜評量的目的，是要協助教育者更了解學生，確認孩子最優秀及與眾不同的長處，並進而重新設計課程和教育的方式。教師們在對他們的學生有了比較好的認識後，就能夠善用學校、家庭和社區資源，將較陌生的、有啟發性的知識介紹給學生。

　　當然不是只有光譜計畫具有如此的目標和價值，光譜計畫只是眾多努力改進教學實務新方向中的一員。在這個新方向中，強調深入、長期地投入一套知識體系的挑戰中，重視多元的學習風格，接

受學生在天資、能力、氣質、熱中事物上的個別差異；在學習者熟
悉的情境中進行評量，使用與真實世界相關聯的學習任務；建立學
校和社區間的溝通；以及在教育的過程中，所有參與者對於目標的
認同和投入。

　　光譜計畫目前離實現這些崇高的抱負還有多遠呢？它在教育的
重新定位和改革方面，已經達到了多少成果呢？它的理論和取向、
評量和技巧已經對教學造成多少影響呢？這些問題留待教育界去思
考和評斷。但是無論如何，我們將秉持著這樣的努力，繼續地嘗試
改善教育的理論、政策和教學，我們堅信這樣做能夠為教育帶來一
些改變。

 ## 參考資料

Binet, A., & Simon, T. (1973). *The development of intelligence in children (the Binet-Simon Scale)* (Elizabeth S. Kite, Trans.). New York: Arno Press. (Original work pubiished 1916)

Bredekamp, S. (Ed.) (n.d.) *NAEYC position statement on developmentally appropriate practice in early childhood programs serving children from birth through age 8.* Washington, DC: National Association for the Education of Young Children.

Bruner, J. S., Olver, R. R., & Greenfield, P. M. (1966). *Studies in cognitive growth.* New York: John Wiley.

Carraher, T. N. & Schliemann, A. D. (1988). Culture, arithmetic, and mathematical models. *Cultural Dynamics, 1,* 180–194.

Ceci, S. J. (1990). *On intelligence . . . more or less: A bio-ecological treatise on intellectual development.* Englewood Cliffs, NJ: Prentice Hall.

Cronbach, L. J. (1990). *Essentials of psychological testing.* New York: Harper & Row.

Feldman, D. H. (Ed.). (1982). *Developmental approaches to giftedness and creativity.* San Francisco: Jossey-Bass.

Feldman, D. H. (1991). *Nature's gambit: Child prodigies and the development of human potential.* New York: Teachers College Press. (Original work published 1986)

Feldman, D. H. (1980/1994). *Beyond universals in cognitive development* (2nd ed.). Norwood, NJ: Ablex.

Feldman, D. H., Csikszentmihalyi, M., & Gardner, H. (1994). *Changing the world: A framework for the study of creativity.* Westport, CT: Greenwood Press.

Gardner, D. (Ed.). (1983). *A nation at risk.* Washington, DC: U.S. Department of Education.

Gardner, H. (1991). *The unschooled mind: How children think and how schools should teach.* New York: Basic Books.

Gardner, H. (1993). *Frames of mind: The theory of multiple intelligences.* New York: Basic Books. (Original work published 1983)

Gardner, H. (1993). *Multiple intelligences: The theory in practice.* New York: Basic Books.

Gardner, H. (1998). Are there additional intelligences? In J. Kane (Ed.), *Education, information, and transformation* (pp. 111–131). Englewood Cliffs, NJ: Prentice Hall.

Gardner, H., Kornhaber, M., & Wake, W. (1996). *Intelligence: Multiple perspectives.* Ft. Worth, TX: Harcourt Brace.

Ginsburg, H., & Opper, S. (1988). *Piaget's theory of intellectual development* (3rd ed.). Englewood Cliffs, NJ: Prentice Hall.

Herrnstein, R. J., & Murray, C. (1994). *The bell curve: Intelligence and class structure in American life.* New York: Free Press.

Lave, J. (1980). What's special about experiments as contexts for thinking? *Quarterly Newsletter of the Laboratory of Comparative Human Cognition, 2,* 86–91.

Manni, J. L., Winikur, D. W., & Keller, M. R. (1984). *Intelligence, mental retardation, and the culturally different child: A practitioner's guide.* Springfield, IL: Thomas.

Meisels, S. J. (1989). High-stakes testing in kindergarten. *Educational Leadership, 46,* 16–22.

Morelock, M. J. (1996). On the nature of giftedness and talent: Imposing order on chaos. *Roeper Review, 19,* 4–12.

Piaget, J. (1972). Intellectual evolution from adolescence to adulthood. *Human Development, 15,* 1–12.

Piaget, J. (1983). Piaget's theory. In P. Mussen (Ed.), *Manual of child psychology* (pp. 103–128). New York: John Wiley.

Rogoff, B. & Lave, J. (Eds.). (1984). *Everyday cognition: Its development in social context.* Cambridge, MA: Harvard University Press.

Schön, D. A. (1983). *The reflective practitioner: How professionals think in action.* New York: Basic Books.

Scribner, S. (1986). Thinking in action: Some characteristics of practical thought. In R. J. Sternberg and R. K. Wagner (Eds.), *Practical intelligence: Nature and origins of competence in the everyday world.* Cambridge, UK: Cambridge University Press.

Slavin, R. E., Karweit, N. L., & Madden, N. A. (Eds.). (1989). *Effective programs for students at risk.* Boston: Allyn & Bacon.

Spearman, C. (1904). General intelligence, objectively determined and measured. *American Journal of Psychology, 15,* 201–293.

Sternberg, R. (1985). *Beyond IQ: A triarchic theory of human intelligence.* Cambridge, UK: Cambridge University Press.

Vygotsky, L. S. (1962). *Thought and language.* Cambridge, MA: MIT Press.

Vygotsky, L. S. (1978). *Mind in society: The development of higher psychological processes.* Cambridge, MA: Harvard University Press.

第二章

啟發兒童的心智

　　究竟什麼才是真正重視孩子的個別差異呢？請仔細思索下面兩個個案的剖面圖。這兩個剖面圖是我們在與艾略特—皮爾森兒童學校（Eliot-Pearson Children's School）合作的第三年時，針對兩位參與光譜計畫的孩子所做的記錄。艾略特—皮爾森兒童學校是塔夫特大學兒童發展學系附設的一所實驗性學校。

　　三歲七個月大的琪拉①是幼兒班二十位學生裡年齡最小的一位。然而她在光譜活動的每一種項目中，顯露出自信和堅定的態度。在創意肢體動作中，她對不同種類的音樂展現出傑出的敏感度。當她聽到民俗音樂時，會前後擺動她的肩膀和臀部，做出優雅的曲線動作，呈現出充滿表現力的舞蹈。當快節奏的音樂響起時，她會擺動全身，準確地依著節拍搖動她的頭和手臂。甚至當其他孩子不想跳舞時，琪拉還是繼續地跳，並且在教室的空間裡自在地跳著舞。

　　琪拉在運動方面也展現出類似的能力。她很願意表演新的體操運動給同學們看，並鼓勵他們嘗試做側翻和翻觔斗。在戶外障礙賽課程中，她很伶俐地迅速走過平衡木，並且輕鬆地跑跳過障礙物。

　　在團體活動中，琪拉通常能記得歌曲裡的歌詞，並且清楚地大聲唱出來。在音樂領域的歌唱活動中，當琪拉在唱「生日快樂歌」時，音調能抓得很準。在音樂知覺活動中，她能從熟悉的旋律裡清楚地找出細微的錯誤，並且只要聽過一首歌曲的幾小節後，就能說出這首歌曲的名字。琪拉在唱歌中能夠得到極大的滿足，甚至在說故事的時間裡，她都用唱歌的方式將大部分故事唱出來。

艾立克是琪拉的同學，這是他第二年就讀於光譜計畫
的班級。他展現出藝術、數字，和邏輯推理方面的長處。
艾立克在視覺藝術方面表現出傑出的具象能力。他的畫作
中富含精巧動人的細節，人物和形狀在畫面上的安排也很
細心。艾立克的作品裡有許多具有想像力的主題：在其中
一幅畫中，他畫了一個魔術師和兩隻從帽子中鑽出來的兔
子，並且以一個小丑的頭來代替太陽。在另一幅畫中，他
畫了兩隻烏龜在棒球帽中賽跑。艾立克在作品中也表現出
一種特殊的透視能力。他經常畫人物和動物的側面圖，也
嘗試在作品中表現出「隱藏」（局部的遮斷）（occlusion）
的概念：其中一幅畫中，他描繪車庫裡的一輛車子，但是
我們看到的只有車子的排氣管；在另一幅畫中，一隻貓在
追逐一隻逃向老鼠洞的老鼠，但是我們只看到貓龐大的下
腹部和牠的前腳。

艾立克對於符號系統具有相當充分的了解。當他在玩
數學領域的公車遊戲時，他用不同顏色方塊板記錄乘客在
不同車站上下車的情形。他使用綠色的方塊板代表成人，
藍色的方塊板代表孩子。但是即使沒有使用方塊板，艾立
克也能正確地心算出有多少人搭乘公車。在尋寶遊戲中，
艾立克能夠根據不同顏色的旗子，正確地預測出從哪裡可
以發現隱藏的寶藏。遊戲結束後，他能夠說出尋寶遊戲背
後的規則，即使是在面對比較難以理解的空寶盒問題時，
也能夠做出抽象的推理。

一般來說，艾立克在光譜活動中表現出相當認真和專
注的態度，但也帶有幾分嘗試精神。在藝術活動中，如果
他畫的第一幅畫或是圖形無法達到他所想要的效果時，他

通常會重畫一幅。經過這一年，艾立克在與光譜的工作人員相處時變得較自在，他會主動和成人談話，這使得他能夠更深入地去探索他自己的想法。

　　琪拉和艾立克的剖面圖有何不同呢？我們相信，這兩個剖面圖非常清楚地描述了琪拉在肢體創意動作、運動動作、唱歌和音樂知覺上的能力，並且也描述了艾立克在藝術方面的透視能力、構圖能力和細節的描繪能力，讓我們對這兩人有相當深入的了解。的確，任何好的教師都會在自己的班上提供許多不同的教材教具和活動。具有藝術傾向的教師可能會花較多的時間在藝術方面，然而，具有音樂傾向的教師則可能會去介紹各種不同的樂器。當他們觀察孩子時，他們可能會提到特別喜歡孩子的哪一幅圖畫，或者誰是第一位彈奏新樂器的孩子。

　　但是當這些教師談到孩子的認知發展時，還是會傾向於將注意力放在孩子的語文和數學能力上，而很少提到音樂、肢體動作，或是視覺藝術領域的長處。此外，他們的觀察通常會停留在一般性的層次上。他們可能會概括地描述孩子的認知、社會情緒，或者是身體的一般發展階段，但是無法更詳盡地說出孩子在這些發展領域中的個別差異。

　　在這一章中，我們提出一種比傳統測量更為廣闊和深入的研究評量方法。我們認為與其將光譜評量的架構做成簡答測驗，不如把我們的評量奠定在孩子學校內外的經驗中。光譜的架構鼓勵教師以新的方法去思考孩子與孩子從事的活動，以及孩子的成品。這個計畫最初的假設是，大部分的孩子在傳統觀念下，可能會或不會被認為是有才能的，但是如果我們能夠提供一組廣泛的經驗給孩子，那麼他們就能夠呈現出獨特的心智剖面圖或是心智類型。透過注重孩

子、孩子的活動，以及孩子的作品，我們希望能啟發孩子更多的心智潛能，並且促進我們了解孩子在各方面的特殊潛能。

* * * *

評量的設計

* * * *

在大部分的幼兒園中，評量通常是非正式的，教師可能會做觀察，但是較少以有系統的方式來做。假如教師們採取協同教學，他們通常互相討論某些孩子之間的不同。教師們可能也會填寫發展檢核表，或是書寫一些簡單的敘述，說出孩子們在不同領域的一些趣事或觀察。有時候教師們會設計自己的非正式評量表，或是借用一些出版的材料。假如教師特別關心某個孩子，通常會利用一份正式的評量，而這些評量大部分都是為測驗出孩子的弱點而設計的。這些領域的目標通常是語文和溝通的問題、行為或情緒的問題，或者是普遍的發展延後問題。雖然智力測驗並沒有在幼兒園中大量實施，但是一旦被使用，通常包含下面一系列的任務：測驗孩子的字彙、空間，以及數字的能力。這些測驗的得分通常也被當作是孩子在推理、思考與解決問題能力上的指標。

基於反對上述的測驗，哈佛大學零方案的研究人員與塔夫特大學兒童發展學系附設的艾略特—皮爾森兒童學校（Tufts Eliot-Pearson Department of Child Development），一起合作設計一個不同的、新的幼兒評量方法。最初的研究小組是由塔夫特大學的研究員費爾德曼（David Henry Feldman）和史托克（Janet Stork），及哈佛大學的研究員迦納、克萊奇維斯基（Mara Krechevsky）和馬可仕（Ulla Malkus）所組成。

費爾德曼和迦納提供了理論的觀點，史托克和馬可仕則帶來了豐富的幼兒教學經驗。馬可仕相當擅長於課程的設計，對於將多元智慧取向應用到教室的教學上，非常有興趣。史托克曾經做過一項提早入學的計畫，她想探索教師在促進孩子的發展上所扮演的角色；她認為皮亞傑的理論在這一方面並沒有充分說明。這個小組中的第五位成員是克萊奇維斯基，整個計畫從頭到尾都靠她打理。她擁有心理學背景，對於藝術發展具有強烈的研究興趣。她加入這個計畫是為了研究，如何將多元智慧理論轉化成能夠在學校中發揮作用的評量工具②。

因為光譜計畫是與塔夫特大學共同合作進行的，所以我們選擇了艾略特—皮爾森兒童學校，作為將我們的想法付諸實踐的地方。這所實驗學校位於麻州的麥德佛市（Medford），磚造的校舍中，有著充分而開放性的教室空間。麥德佛市是一個都市衛星小城，中低收入戶群集，其中有許多不同種族，包括愛爾蘭裔美國人、義大利裔美國人，和非洲裔美國人。這所學校長期以來秉持著積極學習與進步教育的教育觀，並且強烈主張融合式的特殊教育方式。在一九八〇年代中期，艾略特—皮爾森兒童學校為三到四歲大的孩子提供了半天的課程，及父母—幼兒（二歲左右）的課程。就讀這些課程的孩子，大部分居住在附近的社區中，父母為中等收入的白種人。

在光譜計畫的早期，光譜小組人員來回奔波在塔夫特大學和哈佛大學之間，有時在迦納和費爾德曼教授的辦公室裡，有時則是在劍橋（Cambridge）和麥德佛之間十五分鐘的車程裡舉行聚會。我們有一個共同信念，那就是過去因為學校抱持著一種狹隘的智慧觀點，因此沒有為孩子提供高品質的教育服務，現在我們想要發展出一套評量，著重找出孩子的長處。評量領域除了語文和數學方面，還擴及到其他領域，同時這樣的評量也能結合成人與孩子認為有意

因材施教

義的角色和作品。琪拉和艾立克的智慧剖面圖提供了一個簡單的範例。

此外，我們相信，如果能夠提供孩子一種適合的環境，他們將會展現出從未被察覺到的能力和天賦。費爾德曼和迦納教授曾各自做過一些有關天才和其他特殊個案的研究，並且發現家庭、文化和先備經驗等因素，影響孩子在某領域中展現出自己才能的可能性（Feldman, 1986/1991）。依照這個觀點，一個個體具有天賦，不單只是因為遺傳，也不只是環境或訓練的影響，而是因為在這些因素長期互動下所造成的，進而使能力充分發揮出來，或甚至展現出卓越的能力（Gardner, Hatch, & Torff, 1997）。我們想要開創出一個具有多元影響力的教室文化，使孩子們能夠展現出他們的長處。

我們先決定出想要探討的發展領域，這個過程在前面一章中已經描述過了。雖然我們使用了七種智慧作為開端，但是很快就從抽象的「智慧」概念中，轉到幼兒園教室中各種領域或知識的內容。

當我們努力去找出標準、關鍵的能力，以及重要的評量方式時，每一位團體成員都各自負責一種不同的發展領域。我們想要選出一些能夠在幼兒身上觀察到的能力，而且孩子們在這些能力方面具有個別差異的現象，同時這些能力與未來成人的表現有非常明顯的相關。除了進行密集的教室觀察之外，我們也大量閱讀研究文獻，並且向我們的教師—共同研究員（teacher-collaborators），以及不同學科領域專家（在各個領域的教育學者）定期諮詢，以鑑定出幼兒在學校一年中表現的能力類別。

接下來，我們必須去研發出評量的工具或任務。在零方案先前進行的「幼兒符號表徵能力計畫」（Project Zero Early Symbolization Project）中，我們已經將音樂、數學和語言的領域，作為評量工具中的工作起點③。在其他領域方面，我們檢視了教室中已經使用的

相關測驗、遊戲和教材教具，並且採用了其他研究者的設計概念。為了觀察孩子參與不同種類活動的情形，我們拜訪了波士頓一些不同教育理念的學前教育機構，他們的教育方法包括了蒙特梭利（Montessori）和華德福（Waldorf）學校，以及當地的兒童和科學探索博物館。

　　我們利用這些資料，針對個別孩子發展了一系列的活動，並且開始進行一些測試。要將我們的觀點從理論和研究轉化成實際的應用，並不是一件容易的事，我們曾經試過許多無效的方法。最初，我們打算在每個領域中使用各種診斷方法，但是最後發現其中的一種方法比其他方法都更為有效，那就是，讓孩子和有趣的教材教具互動，例如，戲水桌或是一組音鐘，然後去觀察他們的興趣和技能水準。這些動手操作的活動不僅能夠吸引孩子的注意，也能夠凸顯出孩子的不同能力。因此，根據結果，決定只著重使用「真實的評量」（authentic assessment），也就是在孩子工作的情境中進行評量。

　　經過一段時間後，我們研發了一套指標，引導我們去設計評量。舉例來說，我們希望評量活動能輕易融入教室的情境中、活動材料容易取得，並且對四歲的孩子來說，具有吸引力和意義。我們也設計了一些作業，反映出社會裡重要的成人角色和能力。因此，我們讓孩子們唱歌、報導週末生活的新聞，以及觀察季節的變化和其他自然現象，透過這些方法反映出歌手、新聞記者、自然觀察者等不同領域中的人員所必須具備的能力。在每個活動項目中，仔細記錄孩子所表現出的關鍵能力。

　　我們所採用的方法，也反映出一種信念，那就是在孩子們的學習中，最好能和具有啟發性的教材教具經常互動。我們希望孩子能夠經由適當的教材教具、活動和成人的引導，發現他們所喜歡和擅

長的事情。因此，從零方案的開始至終，我們嘗試在孩子親自參與的情境中，長期收集孩子的資料，將課程和評量融為一體。因此，光譜計畫的材料不僅能夠被當成學習的工具，也能被當成評量的工具，而其中絕大多數的教材教具，都與幼兒園教室中所使用的相類似。

最後，我們嘗試使用「智慧公平」（intelligence-fair）的評量方式。我們拒絕採用傳統重視語文或是邏輯數學的角度，去看待所有能力的評量，例如，由許多簡單的紙筆測驗所做的測量。在光譜計畫中，孩子們直接操作不同領域的教材教具，而非只是簡單地回答一些知識的問題。舉例來說，在音樂知覺能力的評量中，孩子們實際敲擊一些樂器，並且以物體浮沉的活動來進行假設考驗（hypothesis-testing）。經過兩年在艾略特—皮爾森兒童學校所做的多方面現場試做之後，我們已經準備好系統化地使用這些工具去評量孩子了。我們在七個領域中準備了十五種評量活動，從結構化的數學和科學活動，到自由探索顏料和其他媒材。我們也設計了計分的系統和方法，以便向家長和學術界報告研究的結果。現在我們終於準備妥當去探索每個孩子的獨特長處了。

＊　＊　＊　＊

將理論應用到測驗中

＊　＊　＊　＊

迦納用「我們設法凝聚人力和物力，以發展孩子獨特的專長」這句話描述我們的研究工作。沒錯，我們希望提供豐富和具啟發性的環境，促使孩子們參與各種不同的領域，並且展現出他們的心智運作方式，這些方式在其他情境中經常被我們忽視。我們有三個研

究問題：⑴幼兒是否會展現出特定領域的專長，及一般性的專長？⑵孩子在不同活動中所表現的能力，具有明顯的相關性嗎？以及⑶光譜評量是否能找出一般老師和家長無法發現的孩子的專長？我們也在其中一個班級中，將光譜計畫的十個活動結果，與第四版斯比智力量表（Stanford-Binet Intelligence Scale 4th ed.）的結果做比較。

　　我們所發展出來的評量，不只包含語言和數學，也包含肢體動作、視覺藝術、音樂、科學，和社會理解（參見附錄 A）。在每個領域中，我們至少檢驗了兩種關鍵能力（這些能力是我們認為要完成某領域的工作時，所必須具備的要素）。舉例來說，在科學方面，有實驗的、自然觀察的和機械的能力；在社會領域方面，則是孩子與同儕的互動能力，以及孩子對教室中的社會互動情形的理解。

　　當計畫進行到評量設計階段中時，我們觀察到孩子的工作風格，例如：動機、自信，或是孩子在某個活動中表現出的耐心，都明顯地影響到孩子的工作結果。因此，我們決定進一步監測孩子在不同領域中投入活動任務的情形，以便確定這些工作風格在不同領域中是否有所改變，或者，在不同的領域也維持不變（參見表2.1）。基於多元智慧理論，我們認為如果沒有觀察孩子在不同經驗下的表現，就不能論斷有關孩子的注意力、持續力或是深思的能力。

　　在這一整年中，我們每週與艾略特─皮爾森兒童學校的教師們聚會，並且探討每個評量活動，讓教師們能夠自在地將活動帶給孩子。我們也討論教室情境的佈置和管理的問題，但是，由於研究問題將會比較評量的結果與教師們的觀察結果，因此我們並沒有事先告訴教師我們從評量中了解的有關孩子的資料。九月底我們開始進行評量活動，最先做的是數學活動中的「恐龍遊戲」，並且在第二年四月的時候，以特別設計的障礙賽課程作為評量活動的結束。

表 2.1　工作風格

兒童姓名＿＿＿＿＿＿＿＿＿＿＿＿　觀察者＿＿＿＿＿＿＿＿＿＿

活動名稱＿＿＿＿＿＿＿＿＿＿＿＿　日　期＿＿＿＿＿＿＿＿＿＿

請勾選出你看到的獨特工作風格；只有在工作風格很明顯時才勾選。每一對語詞並不一定都要選。請盡可能加上說明和軼事記錄，並且用一些歸納性文句清楚描寫兒童如何處理活動。用＊記號來標示出特別突出的工作風格。

這個孩子是

易於投入工作	＿＿＿＿	有恆心的	＿＿＿＿
勉強參與活動	＿＿＿＿	易挫折	＿＿＿＿
有自信	＿＿＿＿	衝動的	＿＿＿＿
躊躇不前	＿＿＿＿	深思熟慮的	＿＿＿＿
愉悅的	＿＿＿＿	傾向於慢慢地做	＿＿＿＿
認真嚴肅	＿＿＿＿	傾向於趕快做完	＿＿＿＿
專注的	＿＿＿＿	健談的	＿＿＿＿
容易分心	＿＿＿＿	安靜的	＿＿＿＿

說明：

＿＿＿＿＿＿＿＿＿＿＿＿＿＿＿＿＿＿＿＿＿＿＿＿＿＿＿＿＿＿＿＿＿

偏好視覺線索＿＿＿＿聽覺線索＿＿＿＿動覺線索＿＿＿＿

展現出有計畫的做事態度

把個人的專長用到活動中來

能在學習內容中得到樂趣

能以創造性的方式使用學習材料

能從工作中得到成就感

注意細節、觀察敏銳

對材料感到好奇

除了「正確答案」外，還關心其他層面的事情

注重和成人的互動

評量的實施

我們在《光譜計畫：幼兒教育評量手冊》中會仔細敘述評量的
活動內容（Krechevsky, 1998），但是在這裡，我們以評量活動中的
組合活動為例詳細說明，讓讀者可以比較了解評量的過程。在這個
組合活動中，我們要求孩子拆解和再組合食物研磨機，以探討他們
是否了解機械零件之間的關係。根據我們的信念，我們認為孩子如
果對一種領域有所經驗時，就能在這個領域中展露出他的潛能，因
此，在評量前的幾週，教師要讓孩子有充分時間去玩大型的木頭螺
帽和螺栓、鉸鏈和球形的門把，以及其他簡單的五金器具。在團體
時間中，教師會讀有關機械和工具的書給孩子們聽。然後，教師會
帶食物研磨機給孩子們看，並且告訴他們在接下來的幾天中，他們
能夠玩不同種類、可以分解和組合的機械零件。如此，孩子們都很
期待玩到這些新的教材教具。

在進行評量活動時，光譜研究員克萊奇維斯基利用書櫥後面的
一張小桌子，以食物研磨機和每個孩子做十五到二十分鐘的活動。
孩子們很快地參與在活動中，並且會將「食物研磨機」誤以為是
「氣體壓縮機」、「飲水機」和「做鮪魚罐頭的機器」等。假如孩
子們無法知道這是一個食物研磨機，克萊奇維斯基便會向他們解
釋，它是一個食物研磨機，並且告訴他們要小心觀察，因為他們將
這個食物研磨機拆開之後，必須將它重新組合回去。

一旦孩子們開始動手做這份工作，他們解決問題的不同風格和
能力就會被引發出來。有些孩子，例如琪拉，很難理解各種零件應
該如何組裝在一起。在幾次快速轉動把手後，她找出了主要的鎖
頭，並將它旋轉開來，快速地拆解研磨機的其餘部分，包括從螺旋

核心的地方將把手拆下來。但是對她來說，要將研磨機重新組合是一個極大的挑戰。琪拉剛開始時做得不錯，能夠將螺旋核心放回原處，但是弄不懂下一步應該將哪一部分放回去。她在幾次錯誤嘗試之後，將皮圈放在齒輪前，並且重複嘗試將把手放回原處。克萊奇維斯基給琪拉很多協助，以便讓她擁有完成這份工作的成功經驗。

但是，克麗絲汀則輕易地完成這項組合任務，並且無需成人的協助。當她感到困惑時，會用嘗試錯誤的方法將零件加以組合。另一個孩子高登，則用很有系統的方式來做，甚至能夠解釋如何依照零件的不同功能，將它們組裝回去。不過，當崔西亞看到一堆零件放在面前時，她就無法下手，而在克萊奇維斯基幫助她每次只將注意力放在一個零件上時，她就能夠定下心來。另外的孩子，例如尼克，則缺乏操作零件的精細動作技能，並且在整個過程中都需要老師幫忙。

另一位光譜研究員蕾摩司·福特（Valerie Ramos-Ford），則擔任觀察者的角色，為每位孩子準備了一份個別的觀察表，記錄他們一系列的行為。她分別就「認識零件」、「問題解決」、「注意細節」以及「精細動作的技能」等方面，給孩子一到三分的分數。她也注意到了孩子們需要協助，或是提供鷹架（scaffolding）的程度不同，而且他們的工作風格也不一樣。每個孩子的觀察表都被收集在資料夾中，這份資料夾中包含了所有評量資料，有的是結構化的評分表，有的是觀察檢核表。

雖然我們在研究中有數量化的資料，但是我們從未向家長報告過有關孩子的分數。相反的，我們將一年中所收集到有關孩子工作和作品的資料整理起來，為每個孩子寫出一到兩頁的敘述性記錄。這些就是剖面圖（profiles），就像本章一開頭所舉的琪拉和艾立克的例子一樣，從他們的認知方面，或是就班上的表現，描述出每個

孩子的長處。

　　為了幫助家長充分善用剖面圖中的資訊，進行延伸的活動，我們也設計了一本親子活動手冊和一份社區資源表，這兩份資料都依照領域做分類。以琪拉為例，我們在剖面圖裡寫著：她可能可以從一些機械組合的活動中增加她的經驗。這樣的活動——像是使用基本的工具和五金器具、用樂高積木拼組交通工具、用回收材料做出新東西、用硬紙板製作拼圖等，都對琪拉很有幫助。雖然有時我們建議的活動，是為了要提供孩子各種不同領域的經驗，但也是為了幫助家長充實和鼓勵孩子擅長的領域。然而，我們也提醒家長，雖然剖面圖的重點是在孩子的長處方面，但是這些只是對孩子的一些描述資料，而不是診斷處方。我們認為找出孩子感興趣的領域，和找出他們擅長的領域一樣重要。

研究的結果

　　我們對光譜教室中的每位孩子實施評量，進行的方式如同前面所舉例的機械組合活動，並且根據研究問題去分析結果。我們發現光譜評量確實能為大多數的孩子找出獨特的智慧剖面圖（intellectual profiles）（有興趣了解詳細內容者，請參見Gardner & Hatch, 1989；Krechevsky & Gardner, 1990）。每個孩子，相較於他的同學，或者是以他們自己的認知剖面圖來看，至少會展現出某一種長處。此外，在不同的活動中，孩子的表現水準關係不大，只有在兩個數學活動上有明顯關聯，因為這兩個活動都和數字概念有關。

　　因為樣本數不多（三十九個孩子），我們的結果只是暫時的。希望其他的研究者能夠根據這個結果，進行可靠、有效的研究，以便能建立一個發展常模。塔夫特大學兒童發展系的博士候選人亞當

斯（Margaret Adams），就這一部分有相當的貢獻。她以修訂版的
評量活動（有六個評量活動：語言、數學、音樂、視覺藝術、社會
理解，以及組合活動），對四十二位四歲兩個月到四歲八個月大的
孩子進行評量。她也發現孩子在不同領域中所表現的長處和弱點，
並非是不變的；此外，沒有兩個認知的剖面圖是相類似的（Adams,
1993）④。

　　至於我們自己的研究，也有其他值得注意的發現。孩子們對於
一些特定領域有強烈的興趣時，他們會將其他領域的活動，改變成
符合他們自己的長處和興趣。例如，賽斯很喜歡說故事，他會將浮
沉活動改變成「偉大的海綿明星」的故事。莎拉會將她的語言技能
帶入她的藝術活動中，為自己所編的故事完成一幅畫，並且在教室
模型活動（社會理解能力的評量活動）和公車遊戲活動（邏輯數學
的評量活動）中，也都繼續發揮創作故事的能力。

　　其實這些反應都有教育上的應用價值（但是，這種反應在一些
教室的情境中，可能會被當作是不聽老師的話，而不被接受）。我
們發現，有些孩子能夠使用他們的長處去促進在其他領域中的表
現。舉例來說，班對於歌唱非常感興趣，對創意肢體動作則比較沒
有興趣，但是當他在唱歌時，他會很有節奏地搖動身體。班在故事
板活動中，也會創作歌曲，並且為故事中人物配上曲子，使他的故
事更加生動。理想上來說，班可以用他的音樂能力作為一個切入
點，來學習他感到困難的功課。舉例來說，他可以編造一些歌曲，
表達他對於一件文學作品的感受，或者是利用不同的節奏型態去學
習數學中的分數。

　　另外，我們將研究結果和教師與家長所做的問卷相比較，發現
光譜計畫在孩子身上所鑑定出的科學、音樂、視覺藝術和社會理解
的長處，不論家長或是教師，都沒有人發現。家長對於孩子們在音

樂知覺、機械和肢體創意動作方面所表現出的長處感到相當驚訝。
雖然教師和家長很容易看出孩子們在語言和數學方面的優秀表現，
但是在機械和音樂知覺方面，經常都略而不見。

　　光譜評量的結果與斯比智力量表的分量表分數相比，兩者的相
關度很低。大致上來說，除了斯比智力量表的總分和光譜音樂評量
有些相關之外，其他的得分並無法預測光譜活動中的表現。因為取
樣的數目太少（在一個班級中，我們只對十七位孩子進行斯比智力
量表測驗），所以這些結果也只是暫時性的。不過，音樂和斯比智
力量表分數的相關，卻是令人深思的，因為羅素等人（Rauscher et
al., 1997）最近的研究中顯示，如果讓孩子在學前階段認真學習樂
器的話，將有助於他學習學校中的一些學科和符號系統。

＊　＊　＊　＊

幼兒教育觀點的比較

＊　＊　＊　＊

　　光譜模式和其他幼兒教育取向有何異同呢？因為光譜計畫將課
程和評量結合在一起，所以它比較不容易被納入傳統的範疇中。不
過我們在此將努力去描述光譜的內涵，讓讀者比較能了解光譜究竟
可以放在什麼樣的立場上。

課程的取向

　　乍看之下，光譜取向似乎與大多數強調直接教導學生所需要的
技能、知識，和以學業（語言和數學）為主的教學毫不相關（Bereiter
& Engelmann, 1966）。但是，光譜取向也不同於「萌發課程」

（emergent curriculum）的模式，因為這種萌發課程大致取決於孩子的興趣，孩子的先備知識和成人的角色並不重要（Edwards, Gandini, & Forman, 1993）。其實，光譜計畫的架構可說是「重視學業」與「偏重幼兒中心」兩種教育間的一座橋梁。光譜計畫是以系統的方式去促進認知的技能，但是擴展了我們一般所認為的認知技能領域，進而涵蓋更多不同的領域。

我們在此將光譜計畫與幼兒教育中兩種普遍施行的課程取向——蒙特梭利方法（Montessori method）和以方案為主的模式（Project-based model）做一比較。

◆ 蒙特梭利方法

蒙特梭利（1964）相信孩子是透過他們的感官來學習，因此，她創造了一組教具去增加孩子對於他們周遭環境的敏感性，並且鼓勵孩子善用自己的經驗。她發展了一些以感官為主的操作性教具和一些教導性教具，幫助孩子培養在學業學習上所需的技能，例如讀、寫和數學方面。另外她也設計了一些日常生活的教具，發展孩子的自主能力，例如扣釦子或綁鞋帶等工作（Feinburg & Mindess, 1994）。蒙特梭利的教具在使用上有一定的次序，並且所有教具都具有讓孩子自我回饋的功能。現在，蒙特梭利方法有兩大主流：其一是在國際蒙特梭利協會的支持下，以它原有的創始理念精神實施，而另一種方式，則是美國蒙特梭利協會支持的教學方式。

雖然光譜取向和蒙特梭利方法一樣，強調在各種領域當中使用豐富和具啟發性的教具，但是光譜活動較具開放性，也較少規定。許多光譜的評量在使用教具時，並無預設必須使用哪種方式，以及規定什麼是正確，或者什麼是錯誤的方式。孩子在故事板活動方面，可以說許多不同的故事；在浮沉活動中，可以做許多不

同的實驗。雖然光譜計畫的一些教材教具也有自我回饋的功能，例如，重新組合食物研磨機，或者計算搭乘公車的人數等，都是這類型的活動，但是大部分的光譜評量也都帶有一種自由探索的成分。

雖然蒙特梭利很尊重孩子和他們的自主性，但是她相信秩序感對孩子的創造力來說是必須的。在大多數的蒙特梭利課程中，都強調讓孩子以特定的方式去使用教具，而比較不強調培養孩子的創造力、共同合作計畫、想像遊戲，或者是團體計畫（Greenberg, 1990）。蒙特梭利教具通常是以一種規定的順序呈現出來，孩子們在教師督導之下，以他們自己的速度逐一去做每項活動。每種感官教具只著重在某種感官方面；當一種特殊的感官專注於某種教具時，其他感官刺激通常會被隔絕。雖然光譜的教材教具是為協助鑑定孩子特定領域的能力，但是除了在特定的項目以外，孩子仍然被鼓勵利用他們的各種感官，自由地探索這些教材教具，因此，光譜比較重視找出孩子本身的特質，而非活動設定的目標。

因此，光譜就像蒙特梭利方法一樣，強調讓孩子積極地投入學習中，設計個別化的課程，以及「充分準備好的」（prepared）環境的重要性。但是光譜教師的角色，比較少去主控教材教具的使用方法，以及操作教材教具的場所，通常也不是用教材教具來診斷孩子的能力。

◆以方案為主（Project-based）的模式

光譜在理念上與皮亞傑（Piaget）和杜威（Dewey）的建構主義（constructivism），以及方案模式相當接近（參見 Katz & Chard, 1989）。這些方法鼓勵孩子透過與物理和社會世界的互動去創造意義。就像先前所提到的，大部分的光譜評量用於真實生活的活動中，並且讓孩子從事不同的問題解決工作。方案也一樣，提供

一種真實生活的情境，讓孩子去學習和練習語文、數學，以及其他技能。

　　凱茲和查德（Katz & Chard, 1989）將方案定義為，能夠讓小組的孩子深入去探討各種主題的學習方法。他們認為方案的目的是在促進四種學習目標：**知識**（例如：事實、概念、想法，和字彙）、**技能**（例如：學習閱讀、計算，或操作物體）、**習性**（在心智習性或回應各種情境的傾向，例如：好挑剔的或是友善的），和**感覺**（主觀情緒的狀態，例如：勝任感或歸屬感）。當方案允許孩子對於自己的學習方向做決定和選擇時，能夠幫助他們對於周遭環境的現象和事件獲得深入的了解。

　　大部分的方案教學方式和光譜一樣，都強調要對孩子的工作情形加以觀察記錄（參見 Edwards, Gandini, & Forman, 1993）。但是方案比光譜更重視積極的計畫、執行和評量。方案會在一段期間內對一個主題做更深入的探索，例如：探索超級市場、研究校車，或是一幢建築物。他們也經常使用一種統整的或是科際整合的方法去教學和學習。和光譜不同的是，方案不強調學科領域。舉例來說，大部分的方案並未提供一個架構去思考、培養和評量學科方面的關鍵能力。而且，藝術或肢體方面的學科，可能只用來當作媒介去教導或是表達一些事情而已。因此，有些教師選擇結合光譜和方案這兩種取向，舉例來說，他們會在方案的過程中，設法容納光譜中每個領域的活動。

　　河濱街發展互動模式（Bank Street developmental-interactionist model）（Shapiro & Biber, 1972）在許多方面與方案模式相當類似。兩者都強調將孩子學校中的經驗與真實環境中的經驗相結合。河濱街模式主張提供孩子具體的經驗，並且積極吸引孩子去選擇和使用學習的材料。河濱街模式和光譜之間主要的不同，可能在

於河濱街模式強調將孩子看作是「全人」（whole child），並且盡可能地結合認知和情感的發展，然而，光譜則將焦點集中在認知方面。

評量的方法

如同前面所提到的，許多幼兒園的課程並沒有評量孩子的正式系統。然而，在最近幾年中，兩種專門設計來評量幼兒的新工具出現了，它們是：作品取樣系統（Work Sampling System; WSS）（Meisels, 1993；Meisels, 1994）和高瞻兒童觀察記錄（High/Scope Child Observation Record; COR）（High/Scope Educational Research Foundations, 1992）。他們和光譜一樣，都避免在測驗式的情境下評量孩子，而是提供教師一些原則，讓他們在孩子工作時去做觀察。

◆作品取樣系統

作品取樣系統是由米索（Samuel Meisels）和他的同事因應三歲到小學五年級的孩子缺乏適當評量的情況，所發展出來的評量方式。作品取樣系統是實作評量，其中包含了三項要件：一份發展指引，其中有兩頁檢核表，教師在一年中必須對每個學生做三次評量；第二項是孩子的作品集，收集了一年期內的作品，這也是了解孩子個別成長的一種方法；第三項，教師的學生學習進展報告，教師在一年中要做三次報告，這些報告是以發展檢核表和作品集為基礎而作成。藉由結合這些不同的評量，作品取樣系統的目的是在記錄和評量孩子在各種教室活動中，以及在多種場合的學習領域中學到的技能、知識、行為和成就（Meisels et al., 1994, p.4）。

乍看之下，作品取樣系統的評量種類與光譜的評量種類，有幾分相似（參見表 2.2 和 2.3）。但無論如何，兩者的基本原則非

常不同。作品取樣系統純粹是基於配合發展水準的教學為基礎而發展出來的，然而，光譜則是以費爾德曼和迦納的理論為基礎，主張人類的認知是多元並且具有領域的特性。假如我們再回想一下費爾德曼所提的泛文化到獨特的（universal-to-unique）連續體概念，便會發現，作品取樣系統將發展的里程碑只定位在文化領域方面，認為所有孩子都可以達到相同的發展水準（例如，能夠數到數字 5，或是在與人溝通時能夠輕易地讓對方了解）。相對的，

表 2.2　光譜評量的種類

摘自 Krechevsky, M.（1998）. *Project Spectrum: Preschool Assessment Handbook*. New York: Teachers College Press.

肢體動作技能	視覺藝術
⊠創意動作技能測量：兩週一次動作技能課程 ⊠運動動作技能測量：障礙賽課程	⊠藝術檔案：收集孩子全年度的藝術作品，並加上一些結構化的活動
語言	社會技能
⊠故事創作測量：故事板活動 ⊠描述故事測量：小記者活動	⊠社會技能分析測量：教室模型 ⊠社會角色測量：同儕互動檢核表
科學	
⊠自然觀察者測量：發現角 ⊠邏輯推論測量：尋寶遊戲 ⊠假說─考驗測量：浮沉活動 ⊠機械測量：組合活動	音樂 ⊠產出測量：生日快樂歌　新歌──飛到高空中、動物歌 ⊠知覺測量：音高配對遊戲、歌曲記憶
數學	
⊠計算／策略測量：恐龍遊戲 ⊠計算／符號測量：公車遊戲	工作風格 ⊠工作風格檢核表

表 2.3 作品取樣系統評量種類

摘自 Jablon, J. R. et al.（1994）.*Omnibus Guidelines, Preschool through Third Grade*（3rd ed.）
Ann Arbor, MI：Rebus Planning Associates.

I.個人與社會發展

　A.自我概念

　B.自我控制

　C.學習方式

　D.與他人的互動

　E.衝突解決

II.語文與文學

　A.聽

　B.說

　C.文學與閱讀

　D.寫

　E.拼音

III.數學思考

　A.數學思考的方式

　B.規律與關係

　C.數概念與運算

　D.幾何與空間關係

　E.測量

　F.機率與統計

IV.科學思考

　A.觀察與研究

　B.質疑與預測

　C.解釋與形成結論

V.社會文化

　A.人類的異與同

　B.人類的相互依存性

　C.權利與責任

　D.人類與居住的地方

　E.人類與歷史

VI.藝術

　A.表達與表徵

　B.藝術欣賞

VII.體能發展

　A.粗動作發展

　B.精細動作發展

　C.個人的健康與安全

光譜將焦點放在個人獨特的長處和潛能上，並且擴展到以學科為
主的或是特殊的領域中。

　　作品取樣系統評量的領域，是以當前幼兒教育課程的七種領域
為基礎：個人與社會發展、語文與文學、數學思考、科學思考、社
會文化、藝術，和體能發展，這些領域的檢核表反映出了實際的教

室目標和方針。他們納入相當廣闊的資源,包含社區、州,和國家對於課程發展的標準。相對的,光譜活動是根據社會中成人的角色所設計的,而這些活動都具有社會的意義,其中並包含了成人角色所必須具備的能力。相當有趣的是,這些不同路線有時會有類似的評量標準;例如,兩種取向都建議要考慮孩子對於音樂和使用線與形狀的反應,以及舞蹈家和藝術家的重要技能,並且也都同樣注意到幼兒課程中普遍包含的內容(兩種方法的樣本可參見表 2.4 和 2.5)。

簡言之,作品取樣系統有許多可取之處。這種課程提供了以系統化的方式,記錄孩子從三歲到十歲的成長和發展,提供了專業的發展程序和教材教具,並且有內部一致性信度、互評者信度,和標準參照的資料(Meisels, Liaw, & Nelson, 1995)。而在另一方面,光譜則提供了課程的構成要素,並且光譜計畫秉持的信念是,在孩子的認知能力和潛能被適當評量前,必須先將不同領域的資訊和教材教具介紹給他們。

表 2.4 光譜觀察表的例子

摘自 Krechevsky, M.（1998）.*Project Spectrum: Preschool Assessment Handbook.* New York: Teachers College Press.

教室模型觀察表（摘錄）

兒童姓名＿＿＿＿＿＿＿＿＿＿＿＿ 觀察者＿＿＿＿＿＿＿＿＿＿＿＿

年　　齡＿＿＿＿＿＿＿＿＿＿＿＿ 日　期＿＿＿＿＿＿＿＿＿＿＿＿

1. 你最常在教室中的哪一個地方玩？

   你最喜歡的活動是什麼？為什麼？

   如果那個地方已經有很多小朋友了，告訴我你會到哪裡玩？

2. 這裡有一些你和＿＿＿＿＿一起玩各種遊戲的圖片。
   你最會玩哪一種遊戲？

   為什麼？

   哪一項你做起來最難？

   為什麼？

   你最喜歡哪一個遊戲？

3. 讓我們來把其他小朋友放到他們喜歡玩耍的地方去⋯⋯告訴我班上哪
   一個小朋友總是喜歡在那裡玩耍⋯⋯

   　　積木角＿＿＿＿＿＿＿＿　　戲劇角＿＿＿＿＿＿＿＿
   　　藝術角＿＿＿＿＿＿＿＿　　戲水角＿＿＿＿＿＿＿＿
   　　寫作角＿＿＿＿＿＿＿＿

P. 到這裡，請孩子幫你將所用的人偶收回到白板上，然後再問下面的問題。

表 2.5　作品取樣系統發展的原則

摘自 Marsden, D.,et al.（1994）.*Preschool-Developmental Guidelines*（3rd ed.）. Ann Arbor, MI: Rebus Planning Associates.

I.個人與社會發展（摘錄）

B 自我控制

1.遵守教室常規及從事教室例行性活動

　　當四歲大的孩子發現有清楚的常規時，通常會感到非常安心。當規則清楚以及能夠被持續遵循時，他們會感到比較安全和比較能夠參與其中。他們會藉著以下的行為表現出對於規則和慣例的接受與了解。

▨當規定戲水區的人數一次只能有四人時，他們知道必須等待，直到某個人離開為止；

▨孩子會將他們的杯子拿到指定的地點，在不需要經常提醒下，丟掉他們的餐巾與食物殘渣，並清理他們吃點心的桌面；

▨在沒有交通號誌或是交通警察時，會牽手穿越街道（或大家拉著一條繩子）；

▨吃點心前會洗手；

▨會將完成的畫從畫架上拿下來，並且知道將其懸掛在何處晾乾；

▨聽完故事錄音帶後，會將錄音機關掉；

▨在收拾好玩具後，知道要去地面上畫圓圈的地方集合。

2.有目的地使用材料，並尊重材料

　　在學校裡，孩子們被鼓勵去愛惜他們所使用的教材教具，以及保持教室的秩序。孩子所表現出對於教材教具負責的態度，包括了以下幾點：

▨幫忙整理沙桌的四周；將積木歸回原位；

▨小心翼翼地看書，並且在看完之後會將書本放回到書架上；

▨在科學角（Discovery Table）小心地操作物品；

（續下表）

（承上表）

> ◙溫和、仔細、小心地使用老師的吉他。
>
> **3.能適應活動上的轉換**
>
> 　　四歲大的孩子知道已經有了建立好的常規時，會感到非常安心，並且在常規改變了，或是做事的方法不同時，會感到相當沮喪。
> 轉換階段的管理，例子如下：
>
> ◙來園時，與父母或照顧者的分離逐漸平順；
> ◙當老師提出收玩具的信號時，會自動結束自由選擇玩具的活動；
> ◙接受改變，稍微有或是完全沒有異議；
> ◙幫助教師給予轉換的信號；
> ◙提前把東西收拾好，因為會有訪客來帶學生做活動。

◆高瞻兒童觀察記錄

　　高瞻兒童觀察記錄和作品取樣系統一樣，需要經年地記錄孩子的成長和發展。它是為兩歲半到六歲的孩子所設計的。雖然高瞻兒童觀察記錄當初是隨著高瞻課程所發展出來的（以皮亞傑的理論為主要基礎），但是它能夠用在任何幼兒照顧或是教育的課程中。高瞻兒童觀察記錄共分為六種發展的觀察項目：自發性、社會關係、創造性表徵、音樂與動作、語言和讀寫，以及邏輯和數學⑤。這些種類是想要反映出孩子的認知、社會情緒，和身體發展的廣泛層面（參見表 2.6）。他們符合了由美國幼教協會（NAEYC）對於孩子發展的基本範圍所下的定義（Bredekamp & Rosegrant, 1993）。

　　當孩子在工作或是遊戲時，教師會使用高瞻兒童觀察記錄系統去對孩子做觀察。這些軼事記錄，被記錄在記錄卡上，或是類似的表格中，並且教師要在一年中，數次將這些資料填寫到一個高瞻觀察記錄報告中。高瞻兒童觀察記錄就像是作品取樣系統一樣（不像光譜），考慮到了孩子的一般發展狀態，而非強調個人特殊的長處

（參見表 2.7）。高瞻兒童觀察記錄和麥卡錫兒童能力量表
（McCarthy Scales of Children's Abilities）（McCarthy, 1972）的相關
性為.27 到.66（High/Scope, 1992）。

　　光譜可說是與高瞻兒童觀察記錄或是作品取樣系統互為互補，
而非去與它們競爭，或是取代它們。這三種系統間的一些不同處，
在於最初的設計初衷上：光譜最初是一個研究計畫，嘗試將多元智
慧的觀點放入教室中；高瞻兒童觀察記錄最初是為了以皮亞傑理論
為基礎的高瞻課程所準備的；而作品取樣系統的目的，則是發展標
準化成就測驗系統中的一種另類實作評量。這三種取向都包含了一
些敘述式的報告表，並且建議收集孩子一整年的作品樣本。雖然它
們都強調觀察的重要性，但是作品取樣系統和高瞻兒童觀察記錄則
以更正式化的結構和一組明確的原則，將教師每天的觀察更加系統
化。另外，作品取樣系統和高瞻兒童觀察記錄都為教師提供了專業
發展計畫，這方面是零方案才剛開始在做的。

表2.6　高瞻評量的種類

摘自 High/Scope Child Educational Research Foundation.（1992）.*Child Observation Record for Ages 2-1/2-6.*Ypsilanti, MI: High/Scope Press.

I.自發性

　A. 表達自己的選擇
　B. 解決問題
　C. 從事複雜的遊戲
　D. 配合課程中的常規

II.社會關係

　E. 與成人的關係
　F. 與其他孩子的關係
　G. 與其他孩子做朋友
　H. 去解決社會問題
　I. 了解和表達感受

III.創造性表徵

　J. 製作和建造
　K. 素描和繪畫
　L. 在遊戲中扮演不同的角色

IV.音樂和動作

　M. 身體協調性的呈現
　N. 手協調性的呈現

O.根據穩定的節拍，做出模仿的動作
P. 跟隨音樂和運動的指令

V.語言和讀寫

　Q.可理解的言詞
　R.演說
　S.表現出對於閱讀活動有興趣
　T.表達出有關書本中的知識
　U.開始閱讀
　V.開始書寫

VI.邏輯和數學

　W. 分類
　X. 使用以下的字——不、一些和全部
　Y. 將材料教具按等級順序擺放
　Z. 使用比較級的字彙
　AA.比較物體的數量
　BB.計算物體
　CC.描述空間的關係
　DD.描述順序和時間

表 2.7　高瞻評量指標（範例）

摘自 High/Scope Educational Research Foundation.（1992）.*Child Observation Record for Ages 2-1/2-6*.Ypsilanti, MI: high/Scope Press.

（以對孩子在一般課程活動中所做的觀察為基礎，針對孩子在每個項目中所表現出的典型行為的最高程度，加以核對。）

II.社會關係（摘錄）

F.與其他孩子的關係　　　　　　　　次數1　　次數2　　次數3

孩子還未與其他孩子玩。　　　　(1)_____　　_____　　_____

當其他孩子加入互動時，　　　　(2)_____　　_____　　_____
孩子會有所反應。

孩子加入與他人的互動。　　　　(3)_____　　_____　　_____

孩子與其他孩子維持互動。　　　(4)_____　　_____　　_____

孩子與其他孩子一同從事於　　　(5)_____　　_____　　_____
複雜的計畫（分擔勞動、遵守規則）。

備註欄

G.與其他孩子做朋友

孩子還無法以名字來辨識同班同學。　(1)_____　　_____　　_____

孩子會辨識一些其他孩子的名字，　　(2)_____　　_____　　_____
並且偶爾會談到他們。

（續下表）

（承上表）

孩子能將一位以上的同班同學當作朋友。	(3)	____	____	____
孩子能被一位以上的同班同學當作朋友。	(4)	____	____	____
孩子能從一位以上的朋友處得到社會性的 支持，並且對朋友表現出忠誠。	(5)	____	____	____

備註欄

＊ ＊ ＊ ＊

光譜取向的特色

＊ ＊ ＊ ＊

　　自從光譜計畫開始以來，我們已經將光譜的取向應用在許多不同的地方。目前，我們研究小組的成員已經重回到教室和學校中擔任教師與行政人員。透過這些經驗，以及藉由全國的教育者將相關的經驗報告給我們，我們找出了光譜取向的課程和評量的特色，將在以下章節中總結出這些特色。

光譜改變了人們對於「智慧」的看法

　　光譜評量方式強調評量活動中的認知與智慧層面，而人們通常不認為活動當中具有認知性的問題解決。大部分的人也很少認為肢體動作的表達、雕塑的創作，或是對朋友的照顧，是一種「智慧」。因此，當一些老師開始去評量孩子的肢體動作構想、藝術品風格，

或是互動風格時，會有些不自在。但是光譜計畫讓我們重新檢驗我們的信念；它讓我們重新思考，哪種類型的工作是值得評量的問題，並且迫使我們重新考量我們的信念和價值——為何我們安於評量語文和邏輯數學兩種層面的發展情形。

如同先前所提到的，光譜取向的一個關鍵性特色，是它建立在穩固的理論基礎上。假如我們所評量的就是我們所重視的東西，光譜計畫確實提供了一個架構，修正了我們的評量方法。雖然光譜並沒有涵蓋孩子的所有發展層面，但是它確實包括了許多不同的認知領域。多元智慧理論特別致力於擴展「認知」領域的能力和活動範疇。

幫助教師們重新對智慧下定義，這只是第一步；許多家長也一樣需要改變，因為他們或許並不看重孩子在「非學業」領域方面的能力。例如，當史托克離開光譜計畫，擔任幼兒教育課程的主管時，她發現這個理論架構提供她一個與家長談論孩子專長的方法。在一位名叫山姆的學生個案中，她幫助家長了解孩子語文能力的學習困難情形。在幾次會議過後，家長能夠去欣賞自己的孩子用積木精心製作的建築物，並且了解到機械活動所反映出來的智慧，也同樣值得發展和肯定。

◆光譜是一種了解孩子和他們工作的方法

許多優秀的教師或許已經知道光譜所強調的領域，但是卻缺乏一種正式的系統去說明這個觀念，或是應用到教室中。光譜提供了在真實情境中評量認知能力的一個架構。這些評量能夠找出孩子可能擅長哪種領域，進而闡明孩子心智的特殊本質。假如教師們無法發現孩子的特點，或是對孩子在某種特定領域的能力感到好奇時，可以找出一種光譜活動，在教室中試做看看。然後，教師們可以根據光譜活動的發現，改變教室中的課程，例如，提供孩子多元方

法，讓他從事拿手的領域，將長處作為銜接困難領域的橋梁，或是，更有效地和音樂、藝術、體育教師等專家共同合作。

光譜評量為特定的領域和細微的觀察提供了一個架構。一旦教師變得習慣於注意孩子的長處，或許會發現孩子具有一些意料之外的特點。特殊教育教師桃樂琪（Peg Daugherty）曾在她任教的長島小學（Long Island Primary School），和同事一起接受光譜訓練。在這段期間，她發現一位個案——一位害羞、矮小、比她的同班同學小十個月的女孩（Daugherty，個人訪談），在為期兩個月有關鳥的單元中，經由零方案計畫發現她具有不可思議的能力——能夠模仿鳥歌唱的聲音。她的老師提供她一些機會去模仿許多不同鳥的叫聲，這種經驗讓她獲得了同學的尊重，也提高了她在班上的地位。另外，她的老師也試著根據零方案計畫的理念，針對她在韻律和聲音的敏感性，選出了一些韻文和詩，作為吸引她閱讀的方法。

◆光譜提供了進入課程的多元管道

光譜評量和架構擴展了教室的視野。在光譜情境中，有各種不同的活動和教材教具，鼓勵孩子在不同的領域間探索。老師將一些科目，例如音樂和肢體動作，融入到教室的學習中心裡，而不單是只有教授這些科目而已。樂器和錄音機，以及體育中的器材，例如平衡木，在光譜的環境中比在傳統的環境中更可以融入。另外，教師們也可以針對主題提供較多類型以及更深入的後續活動和選擇。

在一所受到光譜影響的小學中，一位幼稚園教師首次將音樂和肢體動作技能納入班上的團體教學活動中。這位教師在團體課程之後，會根據學生的專長，設計問題解決活動，讓孩子選擇，而不是讓全班只做相同的延伸活動（Kornhaber & Krechevsky, 1995）。

在另一所學校，早期的光譜研究員蕾羅絲（Miriam Raider-Roth）提供故事板活動給八歲大的荷西，幫助他學習閱讀和書寫。荷西一

面在故事板上操作人偶和道具，一面講著令人難以了解的故事（Rai-
der-Roth，個人訪談， 1994）。當蕾羅絲了解荷西需要一些有關於
身體方面的字彙時，將課程做了一些修正，讓他能夠用手指「畫」
字，用他的身體造字，以及用舞蹈來表現故事。在這種結合了豐富
的文學與結構化的發音指導之教學活動下，荷西終於學到了如何閱
讀。

◆ 光譜強調課程的內容

　　光譜除了確保課程的廣度外，也鼓勵其深度。光譜為幼兒教育
課程帶來了結合真實世界的學科學習基礎。但是它並沒有將小學的
課程推進幼兒園中，也不只是去提供「趣味和遊戲」而已。光譜不
是讓孩子為提前讀寫和數學做準備，而是啟發探索的興趣、創立真
實的意義，並且開創一些觀察記錄系統——這種方式對孩子在後續
的學校和工作場所中獲得相同的成功經驗上，具有很大的影響力。

　　光譜的特定領域活動，讓我們可以更深入地了解孩子。舉例來
說，在肢體動作的領域中，除了重視學生生理發展階段的一般能力
水準外（例如，他們學會以一隻腳去跳躍或是平衡），我們也重視
他們發明新奇的肢體動作的構想，以及透過肢體動作喚起不同的情
緒，或是以敏捷度和速度完成一個障礙賽課程的能力。光譜評量非
常重視學習內容，但是，學習內容是以費爾德曼的非泛文化理論所
引出的領域活動為基礎，而不是去上傳統的課程。

　　這種以內容取向的方法，不常出現在幼兒園的程度中，但它能
夠結合師範教育、師資聘用、小組教學，和社區參與等，所以有重
要的應用性。大部分的師資準備課程，很少努力磨練語文和數學技
能以外的特殊領域觀察技巧。一位課程主管，可能會聘用一位具有
特殊領域專門技能的教師，而非去尋找一位接受過廣泛訓練、通曉
數門知識的人。這些教師可能會和其他專家互補，與在其他領域方

面有專門技能的同事，或者和音樂、藝術，或體育專家一起去做小組教學。社區中的家長或是師傅也能被帶進評量活動中，提供角色示範，分享不同專門技能的服務。最後，選定社區的資源，例如：訪問博物館和自然觀察中心，或者是邀請藝術家來教室，不僅可以幫助課程的驗證，也能提供不同的方法助長孩子的長處。

◆ 光譜強調孩子的長處

光譜不同於其他以孩子缺點為主的評量表，它強調找出和肯定孩子的長處。這個架構提醒我們，不要在追求其他教育目標時，忽略了孩子的長處。但是，它不認為所有孩子都能夠或者應該去發展每種評量領域的專長；不是每個孩子都要變成拆卸和組合機械性物體，或是完成障礙賽課程方面的專家。但是這個架構確實意味著所有的孩子都將至少擁有一種領域的長處。

光譜不以抽象的方式來強調孩子的專長。雖然對學習者來說，良好的自我感受是不可少的，但有時候——特別是美國人，會過度膨脹良好的自我感受，而缺乏以有意義的成就表現為後盾（Damon, 1995）。光譜的取向，能夠為「提升自尊」的美麗詞彙，找到真實做法。這個評量的架構提供了廣闊多元的領域，讓有意義的問題解決和工作能真正地產生。因此，孩子們能夠以他們自己的特殊成果和真實的勝任感為基礎，進而產生良好的自我感受。

在第三章中，我們將探索各種不同方法，教師們可以利用孩子的長處，增進學習和參與。要促進孩子的專長，必須提供孩子機會去提出自己的想法，並和他人分享他們的想法、成品和成果，以及仔細反思其工作和遊戲的結果。對於年紀較大的孩子，老師可以教他們有關多元智慧的理念和專業的說法，以便讓學生、家長和新進教師有共同的字彙去思考智慧，將智慧視為多元的性質（Kornhaber & Krechevsky, 1995）。假如孩子們了解到每位同學都有一組特殊的

長處，並且沒有任何一位孩子在所有領域中的表現都比別人好或是差，那麼他們將會增加同儕彼此的尊重。現今許多嘗試實施多元智慧理論的學校陸續指出，他們的孩子能更尊重地對待同儕，並且較少出現行為問題（Kornhaber，個人訪談，1998）。

◆ 光譜帶給孩子和教師新的學習觀

加州州立大學沙加緬度分校（California State University at Sacramento）的教授蓋斯門（Jo Gusman）稱多元智慧理論為：「偉大的平衡者……當一位教師注意到所有的七種智慧時，就能夠改變孩子在教室中的地位了」。蓋斯門訓練教師使用一種多元智慧的方法，幫助母語不是英語的學生，更能參與學校學習。蓋斯門說，將音樂、藝術、肢體動作，和其他符號系統併入每種課程中，不僅能幫助非以英語為母語的學生學習和成功，同樣也能幫助以英語為母語的學生。

沙加緬度的紐亢曼學校（Newcomers School）十五年來，一直為來自於東南亞的難民提供教育機會。蓋斯門回憶她在該校教幼兒園學生頭一個星期的經驗。蓋斯門本身所說的是西班牙語，她的班級中，有三十五位學生說著十二種她聽不懂的語言。蓋斯門每天哭著回家，後來她注意到了這些孩子非常喜歡她的一捲錄音帶《安妮》，便決定讓孩子們去表演這齣戲劇。她教孩子們每一首歌，一次教一個句子。他們聆聽著音樂，畫出故事中的圖畫，演出當中的劇情；他們學習閱讀歌詞，以及逐字了解每行的意思。在十二月之前，這些孩子不僅能夠演出這齣戲劇，也能和採訪記者以英語交談了！

◆ 光譜改變了「資優和天才」的界定

一些在資優（gifted）和天才（talented）教育領域中工作的人，對於光譜同時具有兩種矛盾的情感反應：假如每位孩子都具有某些

領域的長處，那麼一些以特殊孩子為對象的課程或許就沒有理由存在。然而，有些資優和天才的課程已經吸取了光譜觀念，擴展他們對於具有天賦長處的定義。這些課程的主管和教師修改了光譜評量活動，將這些活動應用到一些特別的孩子身上，例如：無法熟練地使用英語、發展遲緩，或者來自貧窮家庭的孩子。在第六章，我們將探討一所幼兒園到國小二年級的郊區學校中所實行的課程經驗。

* * * *

結　語

* * * *

在這一章中，我們描述了光譜研究員在尋找一些新的評量模式時所做的努力，我們也將光譜取向和其他幼兒課程與評量相互對應，最後，我們指出一些光譜架構和理念上的特徵。我們很高興聽到美國國內一些教育者給我們的正向回應。事實上，光譜取向提供了一個方式，讓我們跳脫出幼兒教育的死胡同——要不是過度發展學業技能，造成不必要的競爭，就是讓孩子太過放鬆，沉溺在過度的自由中。

但是，在此必須提出一些需要注意的事情：第一，必須記住一個重點，光譜不是一種課程，不是一種幼兒教育的綜合模式，甚至不是一種組織教室的方式。它是一種方法，用以了解不同認知領域的思考方法，而不是套用方法。透過光譜的觀點，我們可以在任何教室或是學校中，尋找並且評量孩子目前的發展情況，以及未來的發展可能。

第二，任何對於孩子的評量必須使用一種以上的測驗。光譜活動所得到的訊息，是建立在教師們充分了解孩子的情況下。這種取

向不應該被當成是對孩子的另一組標籤，或者倉卒地將孩子分類到狹隘的教育軌道中。光譜希望能擴展孩子的選擇和機會，而非去限制他們。

最後，光譜並沒有告訴教師或是學校應該去教什麼。教育者仍然必須去釐清一個嚴肅的問題，那就是：他們重視什麼能力和概念，以及什麼是他們想讓孩子去學習的。一旦這些問題得到解答，光譜取向就能成為一種有用的架構，為追求不同教育目標而服務。它能夠用來提供孩子多元領域的經驗，或是去支持某些特定內容領域的能力。一個社會或許會認定語文和社會技能是重要的社會目標，因此非常強調語文和人際領域，或者一個社會可能會決定要平等地發展各種能力。到底什麼是最重要的呢？它應該是對教育目標和價值做公開的討論後，再做出決定。

一旦我們發展出一種鑑定和評量幼兒相關長處的架構，就能夠更完整地探索有關光譜教育的相關事項。光譜取向能夠在一所大型的公立學校中有效地進行嗎？它能夠提高學齡兒童的學業表現嗎？如果能夠，那麼又可以用什麼樣的評量來了解呢？它能夠抓住和吸引那些學業成就低落的孩子的注意力嗎？我們將在下一章節中，非常詳細地探討這些和其他的相關問題。

P.s. 註釋

①「琪拉」（Kira）不是她的真實名字；這本書中所提到的孩子名字都經過修改。

②在這些年中，其他的研究員陸續加入了這個小組，包括了這本書的另兩位作者，芬絲（Julie Viens）和陳杰琦（Jie-Qi Chen）。

③幼兒符號表徵能力計畫（The Early Symbolization Project）是一種
探討孩子描述能力發展的縱貫研究。

④亞當斯（Margaret Adams）發現，孩子在一些不同活動中所表現
的分數間，具有適度的相關性，這指出了認知能力的測驗雖然不
是單一的，但也可能不是彼此完全獨立的。

⑤最初的高瞻記錄保持系統已經將邏輯和數學劃分成五種領域：分
類、序列、數目、空間，和時間。

 參考資料

Adams, M. L. (1993). *An empirical investigation of domain-specific theories of preschool children's cognitive abilities. Unpublished doctoral dissertation.* Medford, MA: Tufts University.

Bereiter, C., & Engelmann, S. (1966). *Teaching disadvantaged children in the pre-school.* Englewood Cliffs, NJ: Prentice Hall.

Bredekamp, S., & Rosegrant, T. (1993). *Researching potentials: Appropriate curriculum and assessment for young children, Vol. 1.* Washington, DC: NAEYC.

Damon, W. (1995). *Greater expectations: Overcoming the culture of indulgence in America's homes and schools.* New York: Free Press.

Edwards, C., Gandini, L., & Forman, G. (1993). *The hundred languages of children.* Norwood, NJ: Ablex.

Feinburg, S., & Mindess, M. (1994). *Eliciting children's full potential.* Belmont, CA: Brooks/Cole.

Feldman, D. H. (1991). *Nature's gambit.* New York: Basic Books. (Original work published 1986).

Gardner, H., & Hatch, T. (1989). Multiple intelligences go to school: Educational implications of the theory of multiple intelligences. *Educational Researcher, 18* (8), 4–10.

Gardner, H., Hatch, T., & Torff, B. (1997). A third perspective: The symbol systems approach. In R. Sternberg & E. Grigorenko (Eds.), *Intelligence, heredity, and environment* (pp. 243–268). New York: Cambridge University Press.

Greenberg, P. (1990). Why not academic preschool? *Young Children, 45*(2), 70–80.

High/Scope Educational Research Foundation (1992). *High/Scope Child Observation Record.* Ypsilanti, MI: High/Scope Press.

Katz, L., & Chard, S. (1989). *Engaging children's minds: The project approach.* Norwood, NJ: Ablex.

Kornhaber, M., & Krechevsky, M. (1995). Expanding definitions of teaching and learning: Notes from the MI underground. In P. Cookson & B. Schneider (Eds.), *Transforming schools* (pp. 181–208). New York: Garland.

Krechevsky, M. (1998). *Project Spectrum: Preschool assessment handbook.* New York: Teachers College Press.

Krechevsky, M., & Gardner, H. (1990). The emergence and nurturance of multiple intelligences: The Project Spectrum approach. In M. J. A. Howe (Ed.), *Encouraging the development of exceptional skills and talents* (pp. 222–245). Leicester, UK: British Psychological Society.

Marsden, D., Meisels, S. J., Jablon, J., & Dichtelmiller, M. (1994). *Preschool–4 Developmental Guidelines* (3rd ed). Ann Arbor, MI: Rebus Planning Associates.

McCarthy, D. A. (1972). *McCarthy's Scales of Children's Abilities.* New York: Psychological Corporation.

Meisels, S. J. (1993). Remaking classroom assessment with the Work Sampling System. *Young Children, 48*(5), 34–40.

Meisels, S. J., Jablon, J., Marsden, D., Dichtelmiller, M., Dorfman, A., & Steele, D. (1994). *The Work Sampling System: An overview.* Ann Arbor, MI: Rebus Planning Associates.

Meisels, S. J., Liaw, F. R., & Nelson, R. F. (1995). The Work Sampling System: Reliability and validity of a performance assessment for young children. *Early Childhood Research Quarterly, 10,* 277–296.

Montessori, M. (1964). *The Montessori method.* New York: Schocken Books.

Rauscher, F. H., Shaw, G. L., Levine, L. J., Wright, E. L., Dennis, W. R., & Newcomb, R. L. (1997). Music training causes long-term enhancement of preschool children's spatial-temporal reasoning. *Neurological Research, 19,* 2–8.

Shapiro, E., & Biber, B. (1972). The education of young children: A developmental interaction approach. *Teachers College Record, 74,* 55–79.

第三章

光譜學習中心

　　在一九九○年十月初的一個下午，一群光譜研究員和四位一年
級教師聚集在麻州索瑪維爾市（Somerville）的一所小學中。這所學
校位於波士頓西北方約三英里處，索瑪維爾市是多種社經和種族共
處的社區，大部分居民收入低於該州平均水準。四位教師——萊
特、戴韋生、麥克凱西，和佩薇爾①，來自於索瑪維爾市三所不同
的學校，各有九到二十三年豐富的教學經驗。她們自願參與這個計
畫，其中三位教師具有教育碩士的學位。這次會議的目的是要幫助
研究計畫人員和教師們更了解彼此，以及了解他們的學生。

　　當天是典型的新英格蘭秋天——溫暖而舒適的氣候，有著蔚藍
的天空和晴朗的陽光。但是當我們聽到這些教師談到他們對學生的
擔心時，我們感到空氣中瀰漫著些微的寒氣，好像天空滿佈烏雲似
的，突然轉成灰暗的顏色。

　　萊特先開口。她說：「今年我有一些在學業上可能會遇到許多
問題的學生。讓我舉個例子，鮑伯是幼兒園的重讀生，他幾乎不懂
任何事情。我從這一學年開始就密切地注意他；他非常容易分心，
不能集中注意力。我的意思是，如果我沒有給他許多鼓勵，他真的
無法開始做他的作業；並且就算是他真的開始了，也很少對一件事
情持續做超過一分鐘。他從不發問，即使他真的需要幫助。除非我
在旁邊陪著他，不然他會坐立不安或是懶懶散散的。因為我還要顧
及其他二十四位孩子的需要，所以他也就很少做完他的功課。」

　　麥克凱西回應說：「不單只有你是這樣。今年我有二十五位學
生，其中至少有六位像你的鮑伯一樣。這二十五位學生中，大部分
都是低收入戶，其中十位來自於單親家庭，七位來自非英語為主的
家庭，至少有一位學生是受虐兒，另外有四位得接受特殊教育。我
希望能夠個別地去幫助這些學生，但是在只有一位教師，但有二十
五位學生的教室中，這是不可能做到的。」

其他三位教師都同意地點頭。佩薇爾補充說:「今年在我的班上有六位學生,每天早晨得撥出一部分時間在別班接受補救教學。他們知道自己和同學所接受的待遇不同,我擔心這會影響到他們的自尊。」

這些教師們所擔心的都是事實。在當時,索瑪維爾市公立學校中的三分之二學生,大都將英語當成第二種語言,並且十所小學中有八所,由聯邦撥款給學校進行特殊教育的服務。這個社區中的大部分教師,都把時間和精力花在改善學生的學業成就上。教師們很努力地想去滿足孩子各種不同的需要,但是可用的資源有限,這使得他們非常挫折。

索瑪維爾市只是美國境內許多單親、低收入,和新移民家庭的都市社區中的一個。因為貧窮、文化和語言的不同,以及其他因素,使得來自於這些家庭中的孩子,可能在剛開始上學的時候,就缺乏在一般學校課程中成功的必要技能。此外,許多學校至今還沒有準備好去處理愈來愈多不同族群的現象和需要。雖然這些孩子大都算是聰明有能力的,但是他們經常是學業成就低落,並且有偏高的輟學率。他們缺乏自尊,對於學校沒有向心力(Hanushek, 1996;Schorr & Schorr, 1988)。

現今全美國小學和中學學生中,幾乎有三分之一的學生是屬於教育的弱勢族群,或者是學業成績岌岌可危者,且這種比率預期在未來將會日漸升高[2](Brodinsky & Keough, 1989;Ingels, Abraham, Karr, Spencer, & Frankel, 1992)。面對學校中教育弱勢人口的快速增加,讓身為教師和研究人員的我們倍感氣餒、壓力和挑戰。以前行得通的方法,現在或許都起不了作用了;學校本身需要去發現一些方法,以回應改變中孩子們的需要。

索瑪維爾市公立學校系統為我們的研究提供了一個適合的實驗

場所，因為這裡的孩子大都被認為可能會有學業成就低落的情形。我們將工作重點放在一年級，因為如果要提供協助，愈早開始效果會愈好。但是，提出新的教育方法之前，我們要先解決一個基本問題：「我們是否認為每一位孩子都能夠學習，並且想要在學校和日常生活中獲得成功的經驗？」假如這個答案是肯定的，那麼就要問：「什麼是有效幫助孩子的方法，特別是那些來自於和我們背景不同，以及無法對我們一般的教學技術有反應的孩子？」

作為光譜計畫的研究人員，我們根據過去五年所獲得的經驗，以及未來研究的走向，思考了上述的問題。我們了解，當我們想要把研究模式轉換成適合公立學校所使用的方法時，會面臨幾項重大挑戰：第一，光譜的方式曾經用在中產社經階層、歐洲裔的四歲大兒童身上，並且成功地評量出他們多種不同的能力和傾向。但是這個方法對於年紀較大以及來自於不同背景的孩子，是否仍然有效呢？

第二，在上述的研究模式中，光譜評量基本上採取一對一的方式，但這個方法對於想在教室裡做持續性評量的教師來說，不太實用。我們能否發展出一些評量方法，例如：非正式的觀察檢核表，讓教師能在日常工作中使用呢？我們如何確定這些非正式的觀察能夠針對孩子的行為與表現提供正確的資訊呢？

第三，假設我們能夠在教室的情境中，鑑定出孩子多種能力的獨特剖面圖，我們要如何運用這些資訊呢？我們要如何結合評量、課程和教學，使孩子的專長領域和興趣不僅被鑑定出來，還能藉此成長呢？

最後，雖然我們相信每位孩子的多元智慧的價值與效用，但是我們很清楚知道，現今的學校體系中，學業的成就經常是取決於語文和邏輯數學的能力。假如一位孩子的專長不屬於傳統的領域，而是視覺藝術或機械領域，那麼我們是否能夠運用這些專長幫助孩子

達到學業目標呢？我們如何將這兩方面銜接起來呢？

基於這些疑點，我們針對索瑪維爾市一年級學生的研究工作，提出了三項目標。這三項目標是：

(1)引導孩子認識各種不同的學習領域；

(2)鑑定出孩子擅長的領域，並給予支持；

(3)利用孩子的專長，提升他的學業表現。

當我們的對象是學業成就低落、背景殊異的學生時，我們知道將面對新的挑戰。此外，索瑪維爾市的教師是第一次使用多元智慧理論和光譜取向，因此，我們知道不免會遭遇到一些困難，以及做錯一些地方。但是，我們也希望光譜可以找出另一種方式來教育孩子，而這種方式可以使孩子的學業免於落敗，並且增加成功的可能性。

＊　＊　＊　＊

引導孩子認識各種不同的學習領域

＊　＊　＊　＊

為了系統化地引導孩子進入多元智慧的領域，我們採用了學習中心的方式。根據光譜評量的工具，將七種領域的指標延伸成為八種——把自然科學從機械與建構領域中分出來，因為這兩種領域所要求的材料非常不同。因此，光譜學習中心所涵蓋的領域是語言、數學、自然科學、機械與建構、藝術、社會理解、音樂，和肢體動作。每一種學習中心都準備了各種吸引孩子的教材教具：有直接購買的、自製的，或是透過資源回收取得的物品。例如，音樂學習中

心有打擊樂器、沙鈴、錄音機和錄音帶；機械與建構學習中心有木頭桌子、舊的打字機，以及許多工具與機械零件，包括了故障的時鐘與削鉛筆機，另外還有積木和建築類的玩具。

光譜學習中心的安排是相當彈性的。它們可以在角落、桌子，或是在教室中任何一個區域，進行有關的領域活動；教師也可以利用孩子的「自由活動時間」（choice time），或是在其他事先安排的時段中，蒐集一些有關各領域的材料讓孩子運用。

在聽到有關學習中心的方法後，麥克凱西說出了她的擔心。她說：「二十年前我曾經在班上實施學習中心，那時並沒有什麼成效。為何今天我就應該相信它會產生效果？」事實上，學習中心的方法在教育的實務上不是一種新的概念。光譜學習中心和許多優質的幼教課程所用的學習中心一樣，都具備了某些特質。這些特質包括了動手操作的教材教具、小組活動，以及學生自由選擇想參與的活動。

光譜學習中心獨特的地方，就是基於多元智慧理論而進行活動設計。他們設計出系統化的方式以鑑定孩子，並且支持孩子在不同領域的專長和興趣。為了發展出能讓孩子在學習中心實際操作的活動，我們首先修改了早期的光譜研究工作中發展出來的八組關鍵能力。我們將「關鍵能力」（key ability）定義為：孩子在每一種知識領域中，需要成功表現出來的工作能力或是認知技能。例如：在音樂方面，關鍵能力包括了音樂知覺能力、唱歌和作曲。我們也非常詳盡地定義出代表這些能力的「核心構成要素」（core components），或者是特定的認知技能，例如，音樂知覺能力包括了對聲音強度（大聲的和輕柔的）的敏感度；對拍子和節奏形態的敏感度；辨別音階的能力；以及分辨出不同音樂風格、樂器和聲音的能力（可參見附錄 B 中所列舉的關鍵能力）。

關鍵能力在學習中心的學習與評量方面扮演了重要角色。我們努力地提出能夠輔育每一種關鍵能力的活動給教師和學生使用。另一方面，教師們可以將關鍵能力當作觀察的原則，注意孩子在不同領域中的專長和弱點。光譜學習中心不僅提供了豐富的教材教具與各種不同領域的活動，也讓教師在孩子探索教材教具的過程中，觀察孩子們的行為。

　　儘管光譜學習中心的方式具有上述的獨特性質，但是我們知道，光靠設計並無法保證能夠成功地在教室中應用光譜中心，所以我們無法立即回答麥克凱西的問題。光譜學習中心希望在索瑪維爾市的小學中成功地實行，必須要靠許多因素，例如：教師對於多元智慧理論和光譜取向的了解，教師對於應用學習中心的安心程度，學習中心和教師的課程目標間的搭配情形，以及孩子在活動中積極參與的程度。雖然光譜學習中心是由許多吸引人的活動和教材教具所組成，但是它們不只是一套課程活動，而是應用多元智慧理論進行個別化學習的一種媒介。教師們必須了解多元智慧理論，並且支持這個理論。

　　為了讓教師們熟悉光譜取向，我們曾經在暑假時舉辦了為期兩天的研討會。在研討會之前，我們要求這四位實際教學的教師先行研讀光譜的理念，和每一種學習中心的資料。在研討會中，迦納和費爾德曼說明了將光譜取向應用到教室中的想法。我們也邀請了兩位在一九八八至八九學年間和我們合作的索瑪維爾市幼兒園的教師現身說法。這兩位教師在課堂中使用了修訂版的光譜領域檢核表（MSPFI; Modified Spectrum Field Inventory）。這份光譜領域檢核表，是在艾略特—皮爾森兒童學校中用過的光譜評量工具的簡易版本，它主要是評量幼兒園和一年級孩子的各種認知能力，而不是托兒所孩子的認知能力。兩位教師描述了他們在課程計畫方面使用光

譜評量資料的經驗，接下來我們解釋每種學習中心的設計、性質和結構，並且讓教師們親自去嘗試這些活動，探索這些教材教具。在研討會期間，我們也與教師們討論了許多實務問題，其中包括了學習中心的應用策略、管理問題，以及家長的參與等。另外，我們談到了教師如何使用關鍵能力檢核表，規畫她們的觀察，並且鑑定出孩子們專長的領域。我們相信這個研討會能夠幫助教師熟悉光譜取向與教材教具，並且有助於磨練教師們的觀察技巧。

　　在研討會之後，我們很快地寄給每位教師一套學習中心活動指導手冊（Learning Center Activities Guides）。這些指導手冊說明八種學習中心（語文、數學、自然科學、機械與建構、藝術、社會理解、音樂，和肢體動作）所設計的或是收集的活動③。每一份指導手冊中包括對該領域的簡短介紹、關鍵能力的描述、學習中心裡所使用的教材教具檢核表，以及如何一步步地應用這些活動的方法。每一份指導手冊也提供一些「親子活動」（take-home activities），這些親子活動的設計，讓家長參與學習活動過程，進而發現孩子的專長領域，並且促進孩子的成長。

　　這些指導手冊主要是提供一種架構，幫助教師們實施學習中心，而不是去束縛教師們自己的想法或是創新的精神。我們希望這個工作像是催化劑一樣，讓教師們比較容易去發展自己的活動和課程。從一開始，我們就極力鼓勵教師們針對她們的情況和需要去改編學習中心的活動。

　　這四位教師都非常積極地在九月底開始實施學習中心。雖然她們有一致的目標，卻都使用非常不同的方法來帶入學習中心。例如，萊特比較喜歡結構化的方式。她在一整年中，固定每個星期開放兩次學習中心，一次開放二到四種，時間為一小時。她利用教室寬廣的空間，讓每個學習中心所佔的區域都能容納一大群孩子。萊

特通常會說明學習中心裡的教材教具，並且詢問孩子這些教材教具可以有哪些用途。當她說明學習中心的目標，以及描述活動的內容時，通常會參考指導手冊裡的資料。萊特介紹完之後，會將孩子分成三到四個小組去從事不同的活動，這些活動可能是不同的領域或是相同的領域。例如，在肢體動作的領域裡，不同的小組可以去玩跳繩、沙包、保齡球和呼拉圈等。

戴韋生比較不習慣以小組的方式介紹學習中心。在頭三個月中，她幾乎完全透過大團體的方式介紹學習中心。但是，隨著孩子對於許多活動變得比較熟悉，而且有了許多不同領域的活動後，學習中心的時間就變成學生的一種自由選擇時間了。有些孩子或是某些小組的孩子仍然留在他們比較熟悉的活動中，而另外一些小組的孩子則跟著戴韋生進行另一種新的活動。

另外兩位教師也發展出實施學習中心的方法。這些方法反映出她們自己的教學風格，以及她們學生的需要。舉例來說，佩薇爾在教室中一直留著一個學習中心，並且隨時保持在「開放」的狀態。她認為用這個方法，可以讓學生整個星期投入較長期的計畫中，並且在孩子們完成作業後，可以去做學習中心的活動。在另一方面，麥克凱西則是在一個星期裡，安排了二或三次特定的學習中心時間。她的班級通常是在下午的時間進行學習中心的活動，但是她會在上午的團體時間裡，將學習中心的活動介紹給孩子們。她會先說明活動，展示教材教具，和孩子們一起制定規則，並且也分配孩子到學習中心，或讓孩子們選擇比較喜歡的活動。然後，上午的其餘時間她仍然按照一般的課程來上課。孩子們在午休過後，會立即到他們所分配到或是自己選擇的中心裡去。

從九月底到十一月底，教師們已經介紹了八種學習中心給學生。這段介紹時間，可以達到三個目的：它讓孩子們了解到在學習

中心裡選擇和進行活動，不需要教師一直在旁邊監督；它給孩子們機會去探索所有的領域，尤其是那些令他們感興趣的領域；最後，它讓教師們體會到可以將光譜學習中心的方式，實際地在教室中實施。

孩子們非常喜歡學習中心裡的活動。他們對學習中心表現出發自內心的喜悅，並且在介紹一種新的學習中心時，會非常興奮。當我們走進教室，經常會聽到像這樣的話：「耶，光譜，多麼棒啊！」「看，我們正在做光譜的藝術活動喔！」「你聽到老師說的嗎？她今天要開一個新的學習中心呢！」「喔，太棒了，光譜！」當第二個學習中心的時段結束後，萊特從一位學生那裡收到了一張紙條。這張紙條上寫著：「學校真有趣，尤其是當我們在做光譜活動的時候。」

許多學生都期盼著一週中的學習中心時間。有些教師們注意到，如果當日有學習中心，孩子們的注意力都會比較集中。有一天，萊特班上有一位學生發燒到華氏一百零二度，當萊特請這位學生的母親將她帶回家時，這位孩子拒絕了，並且說：「我們今天有學習中心的時間，我不想錯過它。」我們在活動結束時訪問學生，「你覺得光譜活動有什麼比較特別的？」大部分的孩子（一百一十九位孩子中的71%）都說出了肯定的看法。有位學生形容光譜活動是：「它們很有趣。你可以做藝術、音樂、機械，和所有各式各樣的事。」有些人則說：「這些活動不僅有趣，而且還可以學到東西。」以及「學習中心很特別，因為你可以嘗試去做一些有挑戰性的事情，而且不用一直坐在桌子那裡寫字。」

孩子的描述是相當準確的。光譜學習中心提供了適合不同學習風格的各種實際動手做的教材教具。光譜和目前在一般教室中的教學非常不同：一般的教學只是在一個固定的時間裡，針對某項單一

的主題，讓學生在桌子前做書寫的作業。但是在學習中心的時間裡，孩子們特別喜歡嘗試各種不同管道的活動，例如：繪畫、組裝物件，以及做各種有創意的肢體活動。

這個計畫的初期，我們用了五種測驗（兩種閱讀成就的測驗、一種數學測驗、一種對於自己學業自信度的量表，以及一種學校適應的量表），並且由教師對四種因素進行評量（無法達到課程目標、自尊心低、行為不當，和態度不良）後發現，這群學生中，有十五位孩子可能會有學業失敗的情況。但是，我們後來對學生的觀察發現，以學習中心和一般的課程互相比較時（以多變項變異數分析方法來分析，MANOVA），這些學業成就低落的孩子在學習中心的時段裡，在自我引導（$F=3.42$，$p<.01$）、正向的教室行為（$F=3.13$，$p<.05$）、正向的態度（$F=3.52$，$p<.01$），以及積極的參與（$F=3.74$，$p<.01$）方面，得分明顯較高（Chen, 1993）。教師們也經常提到，孩子們很喜歡參與光譜活動，放學時也捨不得離開。

在學習中心的時間裡，大部分的孩子都積極且熱誠地投入實際動手做的活動中。他們在整個時段，用充滿活力的聲調，和同學們彼此談論。例如，在光譜的障礙賽中，有孩子興奮地說：「嗨，我跳過來了！我跳過來了，而且沙袋沒有掉喔！」在機械學習中心的建構活動中，孩子們說著：「我能幫你嗎？」「不要，我想自己做！」以及「看！我在這裡拿到了什麼？它看起來像一條蛇嗎？」這是在用小水管做科學實驗時所聽到的一段話。雖然有時孩子們的噪音讓教師感到頭痛，但是孩子們真的專心參與在活動中；因此，比起其他教學時間來說，很少有混亂的場面和常規的問題發生。

一般而言，當教師看到孩子們因學習中心而喜歡學校的情形，都會感到很高興。然而，他們也會因為時間的限制和其他的管理問題而困擾，對於光譜活動會如何發展感到懷疑。教師們經常會找我

們商量一些問題，例如：「我們如何能夠同時指導許多不同的活動，而又不會累死呢？」「我們如何在活動結束時，比較有效地去停止孩子手中正在做的工作？」「我們應該如何增強學習中心的效果，以助於鑑定孩子的專長或是興趣呢？」以及「我們如何將孩子在學習中心裡的經驗，和他們的學業做連結？」

持續幾個月的時間，我們觀察了教師們應用光譜中心的策略，以及孩子們的正向反應後，我們相信已完成了第一個目標——將各種不同的學習領域介紹給孩子，並且吸引他們去參與。接下來，我們得要進一步去解決教師們所提出的問題。

※　※　※　※

鑑定和支持孩子的專長

※　※　※　※

對我們來說，教師的首要工作是學習中心的管理，以及鑑定孩子的專長，這兩件事情彼此相關。雖然我們研究的第二個目標是藉由鑑定和持續地支持孩子的專長來幫助他們，但是這個目標如果沒有成功的學習中心，是無法達成的。教師們在幫助個別學生之前，必須先要能很順手地運作學習中心。教師也必須要樂於和我們一起工作，才能共同去處理後續可能產生的各種問題。

教師和研究員的合作向來就不是一件容易的事，尤其是當研究員來自於哈佛大學。有些教師們認為哈佛的研究員能夠回答每個問題。這些來自於索瑪維爾市的夥伴問我們：「你對我們有什麼期望？」「我們怎麼做這件事才對？」這些問題說明了，教師在課堂上使用光譜學習中心時，最大的絆腳石可能是心理的壓力和疑慮。所以我們試著改變立場，並且問教師：「什麼是你們的期望？」

「你如何把你的教學經驗放入這個研究中？」

在我們和教師的對談中，我們試著要送出一種訊息，那就是他們的嘗試精神和勇於挑戰的態度，是這個研究中最關鍵的因素。我們確實有自己的研究進度，但是這些並不是固定不變的，我們可以依照教師和學生的需要去做調整。我們幫助教師清楚看到他們已經完成了多少工作，並且告訴他們，我們對於他們應用學習中心的成果，留下了極深刻的印象。因此，教師們將光譜的學習中心在教室中做得有聲有色。事實上，唯有共同合作——老師和研究員的合作——光譜的目標才能夠實現。

我們向教師們明確表示，他們不需要太擔心研究的進展，因為我們知道，要教二十個以上的學生，還要組織他們在不同的領域中完成活動，這件事本身就是一件重要的工作。為了更有效地支持教師們，我們盡全力地去處理管理上的問題，並且調整我們的研究內容。例如，我們將會議變得更結構化。從這個研究的一開始，我們每週都會和每位教師有一對一的討論機會，每個月整個小組一起聚會，分享每個人的感想。為了讓這些會議更有意義，我們在每一週的討論中設計了一些問題。這些問題包括了：

▨ 在這一週中有什麼事進行得很順利，為什麼？

▨ 你認為這一週中有什麼事是困難的，為什麼？

▨ 孩子對於某一種活動或是學習中心，表現出特別的興趣嗎？你對這種情形有什麼想法？

▨ 在下一週中，會有什麼樣的學習中心和活動即將開放，以及要如何將它們介紹給孩子，讓孩子去體驗這些活動？

這些問題幫助教師和研究員們能夠具體地討論、交換意見，並

且將焦點集中在接下來的星期該如何做得更好，會議也因此變得更具建設性和效果。

　　每個月的聚會讓教師們有機會互相交換資訊，分享成功的故事，以及一起想出管理的策略。例如，戴韋生談到她在學習中心的時間裡，讓孩子們運用合作的方式互相幫忙，將彼此當作是知識、協助和鼓勵的來源。麥克凱西分享了她如何在清楚的規則下，仍然讓孩子能夠選擇自己喜歡的活動（例如，若是某學習中心裡的人數沒有超過限制時，學生就可以依照她所希望的，想待多久就待多久）。

　　佩薇爾介紹了一份她所設計的表格，幫助孩子們記錄他們在學習中心裡所完成的活動。這份表格上方有領域的名稱，依照領域分類，孩子的名字和活動的名稱，可以依次列在其下。當孩子完成了一種活動之後，佩薇爾就會在一個適當的空格中寫下記錄。這種表格對於佩薇爾和孩子們來說，提供了一種有效記錄的方法。如果孩子們還未選擇到一種他們所特別期盼參與的活動時，他們能夠藉此去提醒他們的教師。事實上，每位教師都有很好的想法和夥伴們分享。教師們說，這些會議幫助她們感到自己完成了一些有價值的事情，並且有機會和同儕們一起討論有關教學方面最有效用的具體策略。

　　每位教師也有她們自己的問題，或是有關學習中心應用方面的困難，因此我們設法一起想出解決的方法。我們對其中的一位教師建議，每天只介紹一種新的學習中心活動，同一時段中只開放少數的學習中心，讓光譜時間比較容易管理。我們建議另外兩位教師邀請學校同仁來教室幫忙進行比較不熟悉的學習中心活動。另外請其中的一位教師允許學生們在學習中心裡有更多的選擇機會，因為這些選擇對於鑑定孩子的專長領域來說是非常必要的。

　　我們先前在艾略特—皮爾森兒童學校所做的研究裡，使用了一系列的測驗，個別地評量每位孩子在所有領域中的表現。但是，在公立學校中，我們需要一種較不耗時的方法去鑑定孩子的專長。因此，主要仰賴教室的觀察來收集資料。此外，我們也和教師共同發展出兩種指標：第一種指標是**根據某種領域中的關鍵能力，觀察孩子在該領域中顯現出來的能力**（例如，在數學領域方面，孩子在數字理解能力和合乎邏輯的問題解決能力上表現最好；在肢體動作方面，孩子在身體的控制能力和節奏的敏感度上表現最好）。我們在每一個學習中心附近，貼出一份關鍵能力表，讓教師在觀察孩子的行為與表現時，可以作為參考。第二種指標是**孩子在某種特別的領域中表現出來的興趣**，測量的方法是觀察孩子選擇某種學習中心的次數，以及孩子投入在該學習中心的時間長度。

　　每當教室中新開了一個學習中心，就會有一位光譜研究員或是研究生在場觀察這種學習中心的應用情形，以及孩子在其中的行為。研究員和研究生所收集的資料通常是有系統和詳細的，而教室中的教師（他們同時要指導學生）所收集的資料通常比較缺乏系統。然而，這個不足的地方通常在每週的教師—研究員聚會中，透過兩者共同回顧一週中所發生的事，討論孩子擅長的領域時，就可以補足。

　　當我們開始著重鑑定孩子的專長後，沒多久我們就從四位教師那裡，聽到了一些令人振奮的故事。戴韋生說：

　　　「克莉絲朵在社會學習中心裡的表現，真是令我感到
　　驚訝。坦白地說，我總認為克莉絲朵是很沉默和冷淡的，
　　因為你很難從她那裡聽到任何事情，並且她在班上也很少
　　對任何事情表現出興趣。喔！我的天！當她在社會學習中

心裡的時候，變得完全不一樣——你簡直不能相信，當在做角色扮演時，克莉絲朵不停地做動作、談話和唱歌！做玩偶時，她會不停地教別人！假如當初沒有這種社會學習中心，我根本就不會知道她的專長是在哪一方面。」

萊特也談到了鮑伯令人驚嘆的故事。她說這個孩子在學年初的時候，像是「幾乎不懂任何事」。但她在班上介紹機械與建構的學習中心的那天，鮑伯不僅知道她拿來的所有工具的名稱，並且最令她感到驚訝的是，鮑伯也多次舉起手來回答問題。於是萊特請鮑伯在全班面前示範如何使用一些工具。當鮑伯在機械學習中心工作的時候，他再次表現出優秀的技巧和能力。例如，他只花了五分鐘的時間就組裝好了一個油壓計，這個工作對於許多成人來說，還是相當具有挑戰性的！

當鮑伯在機械學習中心時，他的社會技能看來也相當不同。雖然他不是會惹麻煩的孩子，但是在萊特先前提出的報告中顯示，他很少和同儕互動，他對環境似乎採取被動的反應，並且經常有閒蕩和懶洋洋的態度。然而，在機械學習中心裡，他主動幫助兩位不會組裝油壓計的女孩，而當他所提供的幫助遭到拒絕時，他也很和氣地說：「你不需要將這個拆開，只要打開就可以。」後來，他和這些女孩們一起工作時，甚至還會請其中一位女孩幫他完成這個工作。他說：「嗨，蜜雪兒，你按住這裡。這樣，我就能將這個螺絲帽放在上面。」在機械學習中心裡，鮑伯的同學經常會要求他幫忙，因為他們說：「他在這一方面很內行。」

克莉絲朵和鮑伯的故事雖然只是兩個案例，但是事實上，我們在索瑪維爾市的計畫中，已經從十五位學業成就低落的學生中，鑑定出其中十三位孩子專長的領域（大約佔87%）。這些孩子的專長

分散在不同的領域中，包括了藝術、機械與建構、社會理解、數學、語文、科學和肢體動作。另外，還有一件很重要，並且值得注意的事，那就是這些孩子被鑑定出來的專長中，非學業的領域多於學業的領域（六項在藝術，三項在機械與建構，三項在肢體動作，而兩項在語文，一項在數學）。

在教師們所提到有關鮑伯、克莉絲朵，和其他學生的故事中，可看到兩項重要的結論。第一，這些觀察告訴我們，當孩子認清了他們擅長於某事，並且當那種技能也能夠被教師和同儕肯定時，這個孩子會有一種成功的感受，並且覺得自己是有價值的。當孩子在擅長的領域中工作，不僅做得更有效、有成果，也能夠幫助那些缺乏該領域技能的孩子。當他們的能力在班上被大家發現時，這個孩子會覺得自己在學校中是有才華的，並且自尊心也跟著提高。我們所收集到的數量資料支持了這些觀察。我們比較孩子在他專長的領域中工作的情形，與在其他的領域中（非專長）工作的情形，發現孩子在所有六項評量中得分明顯較高（多變項變異數分析，MANOVA）：自我導向 $F=3.98$，$p<.01$；自信 $F=3.96$，$p<.01$；正向的教室行為 $F=3.67$，$p<.01$；正向的態度 $F=3.96$，$p<.01$；自我監督 $F=3.19$，$p<.01$；和活動的參與 $F=4.26$，$p<.01$）（Chen,1993）。

第二，所有來自教室的報告都指出，這些學生在一些學科方面有困難，例如，閱讀或數學，但這並不代表在所有領域方面都表現不好。當他們有機會探索不同的學習領域時，孩子們就能夠在不同領域方面表現出能力和技巧。和鑑定出孩子專長領域一樣重要的事情是，給予孩子持續性的支持。只有透過持續的努力，孩子的專長才能夠得到滋養和發展。

光譜小組發展出各種技巧去輔育孩子已經被鑑定出的專長。就個別技巧來說，這些技巧幫助教師回應不同的需要和情況；就整體

來看，它們創造一種情境鑑定出孩子的專長，並且支持孩子們的成長。例如，為了維持孩子在機械與建構方面的興趣，教師可以一直開放這個學習中心，並且經常改變其中的教材教具。教師們也可以鼓勵孩子更進一步去探索這個領域、發展一些新的計畫、和其他人分享他們的學習經驗，以及將他們的作品展示在學校走廊的牆上，或是在學校教學觀摩時，展示給父母看。另外一種幫助孩子發展專長的技巧，是邀請他擔任那個領域中的活動領導者。我們可以請這位孩子在學習中心裡帶領他的同學，並且作為他們的諮詢者，負責管理教材教具和活動結束後的整理工作，以及幫忙訓練下一位領導者。佩薇爾經常利用活動的領導者，來幫助她進行機械學習中心，因為她覺得自己在這個領域方面所具備的知識和能力，比不上她的許多學生。

另外，教師也應該讓家長知道他們孩子所專長的領域，這也是創造一種支持性環境的方法。教師們發現，以前要在這些有學業學習困難和行為問題的學生成績單報告書上，寫出一些正向的評語，是一件非常困難的事。但是在運用學習中心的資料後，教師們已經能夠為這些學生家長，針對他們孩子的智慧專長，提供具體和有意義的例證了。

發展孩子們的專長並不意味著去限制他們在其他領域方面的經驗。更確切地說，各種不同的學習經驗能夠讓孩子充分展現和發展他們的潛能、興趣、能力和長處。最後，我們訪問孩子們，在這一整年裡，他們是否知道自己比較擅長哪些新的事物。一百一十九位學生中的七十六位（65%）給予肯定的答案。有些學生說：「我從不知道我擅長這麼多的事物，現在我終於了解了。」一位學生興奮地說：「我現在知道，我能夠成為一位優秀的藝術家。佩薇爾老師也是這麼說的。」

　　我們也注意到孩子們，尤其是那些在學業方面有困難的，當他們在自己感興趣或是熟練的領域中工作時，改變相當多。我們觀察到孩子的歡喜、快樂、熱忱、創造力、社會化、合作，以及自信和自尊心，明顯地增加許多。

＊　＊　＊　＊

將孩子的專長擴展到學業的學習上

＊　＊　＊　＊

　　然而，故事不是到這裡就結束了。在下一章，讀者們將會看到我們設法將孩子被鑑定出來的長處與他們的一般學業做連結時，所面臨到的挑戰。以鮑伯為例，教師可以將鮑伯的機械專長用到他的學業學習嗎？鮑伯在視覺空間以及精細動作方面的協調能力不佳；他在克來姆—貝瑞特測驗（Clymer-Barrett test）（一種學校的閱讀測驗）中的得分，遠低於班級的平均值。在二十種形狀中，他只能辨認出其中四種最容易的。他在分辨數字 6 和 9 方面也有困難。雖然他在紙筆作業方面，很明顯地有一些視覺空間的問題，但是當這些作業變成了實際操作，以及「真實世界」的經驗時，例如，建造與零件組合，這些問題就有所改觀了。鮑伯在機械領域方面，不僅展現出精細動作技巧和視覺空間的能力，也同時具有有效的問題解決技能。現在，我們自問，應該如何將鮑伯的認知能力，例如，視覺空間知覺能力，從一種非傳統的學習領域轉移到學業的學習領域上？甚至我們應該如何將孩子的專長（例如，鮑伯在使用工具方面的優勢能力）更進一步地發展到其他學習領域，尤其在孩子能夠獲得成功經驗的領域中？

　　這個問題反映出了所有教師最關心的重點。一方面，他們看到

了光譜學習中心在教室氣氛和學生對學校態度上的影響力。他們也
一再了解到光譜活動帶給孩子們許多的歡樂，並且讓這一整學年變
得非常有趣。而另一方面，他們又為了須兼顧一般學校課程的要求
與光譜的計畫而感到壓力。教師們已經花了很多時間準備和應用光
譜學習中心，他們不知道是否應該將現有的資源，用來幫助在傳統
的學業領域中有困難的學生？

　　現在，我們討論到問題的核心了——在幫助有困難的學生學會
基本的技能，以及增進學業的表現時，什麼是最有效的方法？傳統
的補救教學課程經常是將重點放在孩子的閱讀和數學的困難方面，
並且傾向於強調較低層次的基本技能，例如，在數學方面的算術運
算和步驟，以及閱讀的解碼技能。教學的方式通常也著重在背誦和
練習，包括要求學生去練習一些與情境無關的能力。雖然我們或許
能夠看到一些學生從這樣的教學策略中受益，但是其他學生或許感
到無聊和挫折，或者毫無動機從事學習。這些學生需要不同取向的
教學——在有意義的活動中，以及根據他們自己的興趣和專長，來
學習基本的技能。

　　我們稱這種概念為「銜接」（bridging），並且這是我們研究的
第三個目標。我們將銜接定義為：「以孩子專長領域中的經驗，作
為進入其他學習領域和增進學業表現的途徑」。雖然有了這樣的定
義，但是對於如何進行「銜接」，我們沒有實際的經驗。因此，我
們必須先弄清楚一些重要的關鍵，例如：老師如何在學習中心裡，
將孩子的專長連結到學業的學習上；如何在特定的課程上做銜接的
工作；在銜接的過程中，「學習」如何發生；以及，除了專長之
外，還有什麼因素能夠影響到銜接過程。我們多次在教師—研究員
的聚會中努力解決這些問題，並且發展出一些策略，將「銜接的概
念」放入教學中。

　　透過討論，我們終於了解到銜接過程可能有兩種層級，一種是全班性的層級，一種是個別性的層級。在全班性的層級中，教師們能藉由同儕互動、團體活動，以及專題計畫的方法，將學生的專長和其他學習領域連結起來。通常還可以再針對個別的學生給予具體的協助。在個別化的層級中，孩子的專長和弱點透過教室的觀察被鑑定出來。然後教育方法或是活動就根據孩子的專長、工作風格、個人特質，以及其他的社會特性來作設計。很明顯的，任何的介入計畫，都需要不斷地根據孩子的進步與其他方面的改變，來做持續性的調整。

　　這個架構幫忙我們找出了努力的方向，我們發展了幾項策略來進行全班層級的銜接工作：第一，我們請教師們考慮將學習中心與他們的數學或是語文課程的概念、教材教具以及活動做合併。教師們發現許多學習中心的活動，能夠用來提升孩子數學和閱讀的基本技能。例如，有些教師要求學生利用教室的信箱送信和明信片給朋友或是親戚。教師們發現用這種方式，比起其他指定作業，能讓學生寫出更多品質較高的作文。這種進步是因為有這種富含意義的信件書寫活動。其實，只要有一些創意，幾乎所有學習中心裡的教材教具，教師們都能拿來加強孩子的閱讀和數學能力。在機械與建構的學習中心裡，學生們能夠為每項工具寫出標籤，或是在木板上用釘子釘出他們的名字。在科學的學習中心裡，他們會將浮沉活動中的材料加以分類、做出圖表，或者算出數目。在社會學習中心裡，孩子們能在玩偶劇場為同學讀一本書或是說故事。

　　戴韋生想出另一種全班性的銜接策略，我們稱為「方案教學」（project approach）。戴韋生將光譜的概念和活動融入她的一般課程中，其中包含了主題教學和方案教學。當她規畫「外太空」的單元時，她發覺如果將多元智慧的概念當作架構來組織課程，會有很

大的幫助。因此，在光譜計畫研究員的協助下，戴韋生設置了不同
領域的學習中心活動來促進她的教學目標。例如，她請孩子們去訪
問同學有關天文學方面的問題，然後將同學們的回答做分類，並用
圖表展示出來。這是修改自光譜計畫社會學習中心的一個活動——
「班級人口調查」（Class Census）。她也採用「故事板」的語言活
動，提供孩子一些和「外太空」主題有關的道具，讓孩子們講故
事、畫圖，或是寫下一些故事。當孩子運用不同的智慧來學習時，
學習便成了有意義、有關聯和有趣的活動。另外，孩子們對於科學
概念的理解也變得更深更廣。此外，不同的智慧可以用來了解中心
主題的意義，因而多元智慧變成學習的方法，而不是學習的目的。

我們也發現「認知的學徒制」（cognitive apprenticeship）在促
進銜接過程中的重要性。當我們在學習中心的時間裡觀察孩子的行
為與表現時，發現有趣的教材教具雖然能夠吸引孩子參與活動，但
是孩子的能力卻無法自動地發展出來。光譜的活動和遊戲不同——
光譜活動包含了認知、基本的技能。這些認知和基本技能如果沒有
教師的指導與協助，孩子們很難學到。

教師們必須扮演教練和促進者的角色，指導並且促進孩子的學
習與思考。我們鼓勵教師問孩子一些啟發性的問題，並且提出一些
問題、建議不同的假設，以及激勵孩子用不同的方式去考驗這些假
設。我們相信，即使批判性思考的能力和基本技能的熟練沒有直接
相關，但是在孩子的學習過程中，批判性思考仍具有一定的價值。

在個別性的層級上，我們預想了許多可行的銜接方法：第一，
建立自信是將專長連結到其他智慧領域的方法之一。尤其是當孩子
發覺自己具有一種專長的領域時，會喜歡去探索它，並且會覺得自
己很優秀，這種成功的經驗能夠帶給孩子自信，並能讓他去學較難
的領域。第二，孩子在專長領域上的學習風格，也可以是另一種鼓

勵孩子進入到困難領域中的工具。例如,將數字放入音樂中或許能
夠鼓勵聽覺型的學習者去玩數字遊戲。第三種方法,可以利用孩子
專長領域相關的內容去吸引他們學習其他領域。例如,對機械有興
趣和能力的孩子可以讓他去閱讀機械方面的書籍,描寫和機械有關
的內容。最後,我們認為,孩子專長領域中的某些構成要素,也會
和另一個領域的表現有關。例如,對音樂節奏相當敏銳的孩子,可
能對於語文或是肢體動作的節奏也比較會有反應。

　　從理論上來說,我們找出了不同的銜接方法。然而,在實際教
學方面,我們知道孩子的學習歷程是複雜的,它包含了許多因素的
互動與結合,所以,我們發展了一種診斷/處方的模式(diagnostic/
prescriptive model),幫助教師們進行銜接的歷程。在這種模式中,
教師們先要把孩子在各領域中表現出來的專長列表,然後,再把孩
子的弱點列表,並且問自己:「我希望孩子們去做哪件他現在不會
的事情?」教師要選出孩子的一項弱點,然後寫下他們所希望達成
的目標。他們也可以和孩子們討論這個目標,讓孩子在銜接的歷程
中成為一位夥伴。接下來,教師們可以一起腦力激盪出一些銜接活
動,帶領孩子從他專長的領域邁向預定的目標。

　　在我們的教師—研究員會議中,我們選出了一些似乎最需要幫
助的孩子,並且使用診斷/處方的模式,共同研討出各種銜接活
動。例如,克莉絲朵已經展露出了社會學習領域方面的專長,她的
教師想知道這種專長是否能進而擴展,以助於提升數學中的加減法
技能。因此,教師和光譜計畫研究員合作發展了一些銜接活動。在
其中的一個方案裡,克莉絲朵訪問她的全班同學,記下他們的回
答,並且記錄不同團體間的差異(女孩和男孩、不同的眼睛顏色、
不同的生日)。

　　我們設法找出一些方法,將鮑伯的機械專長融入閱讀和寫作課

程中。我們的想法包括：要求鮑伯幫忙將班級中所有的工具都寫上標籤、製作一張所有工具的圖表，並且監督工具被借用的情況；訓練他成為機械學習中心的組長，並鼓勵他幫助其他孩子解決機械方面的問題；讓他去畫出和寫出有關使用工具的經驗，以及在學習中心的回顧時間裡，和同學分享經驗；讓他在教室中做真實的機械活動，例如，修理畫架；和資源教室教師討論鮑伯的專長、需要，和學習風格；向他的父母說明他在機械領域方面的能力，請家長配合，幫忙將鮑伯的專長應用到學業上。

當教師們投入許多心力在銜接活動後，我們開始看到了具體的成果。整體來說，在那年的春季，光譜學習中心出現了豐富的成果。孩子們探索了許多材料，並且做出許多作品，包括黏土雕塑、手指偶、水彩畫，以及和書本有關的故事板，在故事板中呈現了相當高的想像力、表達力，以及很詳細的情節內容。他們也運用幾個不同領域方面的活動，做出一個內容紮實的水污染專題研究。

幾位教師在協助個別孩子方面也有了令人讚賞的成果。在成功的個案中有一位名叫湯姆的孩子，他在語文課程方面有很多困難。但是他的教師麥克凱西發現他在機械技能和領導者的角色方面，表現非常傑出。於是，麥克凱西將湯姆喜愛的機械工作，結合語文技能的學習，建議湯姆為機械學習中心做一本「工具字典」（tool dictionary），或工具手冊。

一開始，湯姆畫了一些工具，並且向麥克凱西口述工具的簡單說明，然後他自己為每件工具寫出標籤。逐漸的，他的說明變得比較長、比較詳細，並且他的語言也變得富有意義。他說：「鉗子是用來剪金屬線的。」「螺絲起子將會把螺絲旋轉進木頭中。」當湯姆在口述能力上有了進步之後，他開始將焦點從繪畫和口述方面轉移到書寫上。剛開始時，他還需要教師的協助，後來就不需要了。

他的成長似乎說明了維高斯基（Vygotsky）「最近發展區」（zone of proximal development）的概念，這個概念指出，在幫助孩子達到一種更高層次的表現時，成人的協助非常重要（Vygotsky, 1934/1986）。麥克凱西以湯姆每天唸日記給她聽的事情為例，肯定了維高斯基的觀點。雖然湯姆是憑記憶背出每天的日記，但是麥克凱西知道湯姆對於這樣的銜接活動覺得很有成就感。

麥克凱西說，工具字典對於湯姆和她來說，都是一項突破性的重大發展。對湯姆來說，寫字是學習中心以外第一件他自己想做的工作。而麥克凱西也覺得，她在學習中心裡所投入的精力，不僅增進對學生的了解，也可用來規畫課程，真是太有收穫了。

因此她決定為被鑑定為具有社會領域專長，但是在閱讀和書寫方面具有極大困擾的學生布萊德，發展銜接活動。麥克凱西要他每天選擇一位同學，並且用繪畫或是口述的方式記下一件有關於這位孩子的優點。因為布萊德在和其他孩子一起工作時，比較能夠將注意力集中在一件工作上，所以麥克凱西經常請另一位較早完成作業的孩子，去當布萊德的「書記」（scribe）。麥克凱西也要求布萊德使用教室的模型，以及他敏銳的觀察力，編出自己的故事。我們請了一位實習教師將他的故事記錄下來，然後請布萊德為故事畫上插圖，並且將故事說給他的教師以及同學聽。

麥克凱西的故事證明了銜接活動的可行性。它不只是一種用來幫助個別孩子的策略，也是一種工具，用以支持教師的專業發展。回想起這一年開始的時候，所有教師都懷疑學習中心的取向，現在他們都體會到這種取向對於促進孩子的學習與發展上的效用，也在思考他們一般的課程中還有哪些可用的其他方式。在這一年剛開始時，這些教師們都擔心學生的程度很差，但現在他們對於發現孩子的專長領域方面非常有興趣，並且會根據孩子們的能力去改造課程

計畫。就像戴韋生所指出的：「我必須說，我的學生和我自己在這一年中都有極大的成長。我學到了很多，也有了很大的改變，現在我會用更多不同的學習領域來思考課程。當我在計畫課程時，我經常會去考慮孩子的專長領域，以及如何發展這些專長。光譜計畫很明顯地影響到了我的教學，以及我對孩子的看法。」

＊　＊　＊　＊

這一年的反省

＊　＊　＊　＊

時光飛逝，在一九九一年六月初的一個午後，光譜計畫合作小組的教師和研究員們，再度聚在一起。這一次，我們滿懷各種不同的情緒來和小組成員道別。我們很遺憾這個研究只能進行一年，無法對孩子們的學業成就有進一步的影響。例如，在四個光譜教室中，我們還沒有看到孩子們在學業成就測驗分數上有明顯的增加，一部分的原因是由於投入的時間還不夠長。基本上，需要一年以上的時間，才能觀察到態度和行為的改變（透過我們的介入方法造成的改變），以及對孩子在基本技能精熟方面的影響（Comer, 1988；Hanushek, 1996）。但是我們在這一年中獲得了許多經驗，也從和每位教師的合作中受益良多。

最後，我們要回答在這一年初時所提出的一些問題。從教室的經驗、觀察、評量學生的表現，以及訪談學生的結果中，我們認為，光譜計畫的方法對於索瑪維爾市參與這個計畫的一年級學生而言，確實能找出他們的專長領域，並且能夠支持他們發展專長。

我們在索瑪維爾市的工作中，利用了光譜學習中心，盡可能地讓孩子認識許多不同的學習領域，以及展現他們能力的不同方法。

這些活動很有趣味，也因此促進了學生們對於學校的喜愛。雖然我們選擇用系統化的方式去應用八種學習中心，但是還有其他方式可以將光譜帶到教室中。例如，教師們可以將語文和數學學習中心的活動，融入到他們的一般課程中；在規畫課程時，可以使用不同領域的學習中心活動，去支持其他的教學方法，例如：全語言、合作學習、個別指導，或是發明出各種不同的應用方式。

我們的經驗說明了光譜取向對於幫助弱勢族群的孩子，具有相當的可行性。雖然許多學業成就低落的孩子，在閱讀或是數學方面比較差，但是我們在索瑪維爾市的研究支持了我們的想法──這些孩子仍然是聰明、有能力，以及有許多認知專長的，只是這些能力在大部分傳統的教學中，常常被忽略。在這一章和前面幾章中所描述的許多個案也顯示，如果能給這些孩子們機會，去從事他們自己所擅長的領域，他們將能獲得許多新的技能，並且表現得更令他自己以及其他人滿意。因此，注意學業成就低落孩子的專長領域，並且加以協助，對於所有有學習困難的孩子來說，或許是一種可行的途徑。

事實上，光譜計畫的長期目標之一，就是減少「抽離式」的特殊教育方式，而是在原班級中，支持並且增進教師的能力，幫助一年級學業成就低落的孩子。然而，這種方式並不一定適用到所有個案中。舉例來說，光譜取向對於具有嚴重的情緒、生理，或是學習問題的孩子來說並不適合。若要成功運用這種方式，必須先了解它的限制，以及它的可能性。

我們的教師─研究人員小組總結認為，若要確實運用光譜取向去改善孩子的學業表現，其中最關鍵的要素就是「銜接」。我們的經驗顯示，成功的銜接需要花很多時間、投入很多努力，以及明智的規畫和執行，並且需要教師與孩子之間經常有一對一的互動。在

我們為期一年的研究中，無法測量出銜接歷程對於學業成就所造成的影響，然而，我們看到了孩子們在教室行為方面的正向改變，也看到了一些成功的個案。銜接活動對於這些孩子具有相當深遠的影響。

此外，我們相信銜接的歷程可說是一種不同的教學策略，值得進一步研究，因為它將焦點放在孩子所擅長的、優秀的，以及有能力的領域上。我們在索瑪維爾市的研究中，很清楚地看出：當一位孩子投入專長的領域時，至少代表了這位孩子在學校中將不會感到自己完全無用（以一般的個案來說）。我們希望，最好的情況是孩子專長的領域能夠被當作一種媒介，去發展學業上所需的技能，以及被當作一種工具，以促進學生發展出自我表達能力。

當我們完成了在索瑪維爾市的研究之後兩年，我們和四位教師又再次聚首。我們去觀察他們的教室，並且訪問他們有關光譜經驗帶來的影響，發現光譜取向確實改變了他們對於孩子以及學習的觀點。

有位教師說：「光譜重視孩子的專長，這種哲學觀非常令人感動。現在我會不斷去思考學生的長處——什麼是他所擅長的，而不是他的問題是什麼。」

另一位教師說：「我從光譜工作中學到最重要的一件事是，你不需要去教孩子每一件事物，但是你應該讓他們接觸到許多事物。」

第三位教師說，透過光譜，她漸漸將學習看成是一種多方面的經驗，其中包含了許多不同的領域（例如：音樂和社會的理解），以及用許多不同的方式去進行（包括了肢體動作，和實際動手操作的活動）。第四位教師仍然在她的教室中使用學習中心，一週開放兩次，一次一個小時。

事實上，光譜對於我們在索瑪維爾市的計畫所造成的最深刻影

響，或許是讓教師投入其中，並且幫助他們將學生視為具有學習能力、有成長潛能及專長的個體。

P.s. 註釋

①在這一章中，教師以及學生們的名字都被修改過了。

②雖然在「學業成就低落」方面，沒有一種普遍一致的定義，但是有一些經常被提及的特徵，例如：貧窮、營養不良、英語能力不足、低自尊，以及學業表現差（Brodinsky & Keough, 1989；Comer, 1988；Willis, 1989）。

③這個系列叢書的第二冊，名為《光譜計畫：幼小階段學習活動》（*Project Spectrum: Early Learning Activities*）（Chen, 1998），就是以這個指導手冊為主，並且加上教師和學生們的回饋所編寫成的書。

 參考資料

Brodinsky, B., & Keough, K. E. (1989). *Students at risk: Problems and solutions.* (Report No. ISBN-0-87652-123-5.) Arlington, VA: American Association of School Administrators. (ERIC Document Reproduction Service No. ED 306 642)

Chen, J. Q. (1993, April). *Building on children's strengths: Examination of a Project Spectrum intervention program for students at risk for school failure.* Paper presented at biennial meeting of the Society of Research in Child Development, New Orleans, LA. (ERIC Document Reproduction Service No. ED 357 847)

Chen, J. Q. (Ed.). (1998). *Project spectrum: Early learning activities.* Project Zero Frameworks for Early Childhood Education, Vol. 2. New York: Teachers College Press.

Comer, J. P. (1988). Educating poor minority children. *Scientific American, 259*(5), 42–48.

Hanushek, E. (Ed.). (1996). *Improving the performance of America's schools.* Washington, DC: National Academy Press.

Ingels, S. J., Abraham, S. Y., Karr, R., Spencer, B. D., & Frankel, M. R. (1992). *National education longitudinal study of 1988, first follow-up: Student component data file user's manual* (NCES Publication No. 92–030). Washington, DC: U.S. Department of Education.

Schorr, L. B., with Schorr, D. (1988). *Within our reach: Breaking the cycle of the disadvantaged.* New York: Anchor Books/Doubleday.

Vygotsky, L. S. (1986). *Thought and language* (A. Kozulin, Trans.). Cambridge, MA: MIT Press. (Original work published 1934)

Willis, H. D. (1989). *Students at risk: A review of conditions, circumstances, indicators, and educational implications.* Elmhurst, IL: North Central Regional Educational Laboratory.

第四章

建立合作關係：

學校和博物館的夥伴關係

　　讓我們想像一下，有某個教育場所，年幼的學生樂在其中，透過不同的學習環境，參與各種活動，發展不同的智慧，培養學生獨特的能力。這種學習的環境，其實是真的存在的——雜貨店、建築工地、診所都是這樣的地方，而且這些地方還會有真實世界中所用的工具、材料，和相關的問題。在這裡，孩子們可以藉由選購蔬果、使用量尺，以及操作收銀機，學習到有關分類、數字和重量的概念；他們也可以透過實際接觸一些簡單機械和工具的經驗，發展出機械方面的問題解決能力，並且磨練精細動作技能。他們也藉由使用聽診器、枴杖，和身體檢查表，處理他們對於自己身體和健康情況的擔心和害怕。

　　教師在這個場所中像是一位嚮導，幫助學生用適當的情境符號系統，或是「語言」，例如，數學、音樂，或是醫學，說出他們的疑問和回答問題；家長也參與在孩子的學習中；學生則以小組方式一起合作解決問題。這樣的場所是理想中的光譜教室嗎？從某種程度上來說，是的，因為這個場所包含了光譜所想要達到的一種教育環境：有不同智慧類型的經驗，試圖發展個體的獨特性；讓幼兒實際操作的活動；在以真實世界為背景，佈置成具有各種不同工作類別的環境中做角色的扮演，以連結到成人的職業狀態。而且在這個地方，孩子能觀察到什麼是他所最喜歡的工作。但是，這不是一個光譜教室，也不是一個憑空想像的地方，它是一間兒童博物館。

＊　＊　＊　＊

學校和兒童博物館：互補的任務

＊　＊　＊　＊

　　兒童博物館是近來快速發展的一個構想，就像是發現中心（discovery center）和科學博物館（science museum）的設計構想一樣，博物館中包含了許多展示品和吸引孩子參與的活動。負責製作展示品的設計者，努力將各種不同領域、技能、熱情，以及激發孩子學習動機等要件，放入展示設計中。因為孩子們有許多不同的嗜好、興趣和能力，所以兒童博物館的設計就是要支持智慧的多樣性（若想對兒童博物館做進一步探討，請參閱 Gardner, 1991, 1993；Davis & Gardner, 1993；Falk & Dierking, 1992）。

同時，兒童博物館也有非常具體的教育期望。它揉和了不同的技能、知識，和讀寫能力的產生與發展。廣義來說，這個特別的場所，希望能吸引幼兒接受挑戰，探索學習歷程之中最有意義的旅程，進入未知世界中神秘引人的領域。這種探險之旅，可以是探索一個新奇陌生的地方，例如，一個洞穴或是一個墨西哥村莊，或是嘗試扮演熟悉場所中的一個新角色，例如，在一家雜貨店中，擔任一個新的角色。

雖然兒童博物館有很明確的教育目標，但是一般大眾通常不會將它看成是一種學習機構。相反的，它們被視為一種娛樂的地方——每年戶外參觀的目的地、家庭親子一日遊活動的目的地。雖然人們可能同意孩子在兒童博物館裡能夠學到許多東西，但是因為旅遊的重點是在遊戲或娛樂，因此到博物館一遊，通常都是「走馬看花」。大部分的參觀者只是快速地瀏覽一遍館中的設備，而不是參與有意義的學習活動。由於兒童博物館經常被看成是一種室內遊樂場，因此它的教育潛能仍未能發揮出來。

不同的學習途逕

參觀兒童博物館的訪客，通常並不知道自己錯過了些什麼，因

為他們認為學校才是真正學習的地方。我們的學校被定位為教育孩子的正式系統，在歷史發展過程中，學校自古以來就肩負著傳遞社會中重要知識的使命，並且負有教導學生生活技能的責任。因此，學校教育是正式和嚴肅的。社區若要參與學校教育，必須透過親師協會和學校行政組織。某種程度上來說，學校的角色在教育目標和任務高掛之下，受到了一些保護。學校也採用標準化的評量系統，衡量他們學生的學習績效。

　　因此，在責任和績效的要求之下，學生得要定期重複地在一個熟悉的場所出現：在同一幢熟悉的建築物中，周圍有著許多熟悉的人們，至少教師就是一個熟面孔──要與學生相處至少一學年。教師通常也在這樣的系統中，定期地進行他們的計畫、教學和評量，學習的目標也持續性地長期進行著。學生知道學習是學校教育的具體目標，而且在學校中，學習是成人重視的事情。

　　但是，在另一方面，這種有組織的、正式的學校教育系統為陳腐的形式主義和教育實務所苦。隨著學生人數的成長，對學校績效的要求造成了脫離真實情境的教學和評量：只注重讀、寫、算（3 Rs），而失去了在現實社會中使用的能力。而學生需要學到的技巧和能力──智慧──被窄化成為讀、寫和算術方面，並且只用少數一些方法來教（例如，講述法或是背誦）。雖然所有的孩子都可以進入公立學校就讀，但是只有少數的學校記得或是有能力將他們的教材，用所有的孩子都能夠理解，或是多元的方式來呈現。

　　學校和兒童博物館這兩個機構，對於孩子來說確實相當不同。學校一般而言是相當拘束的（雖然幼兒園比起小學更具彈性），而博物館基本上非常自由且不具結構性。當孩子尚未結合舊經驗，而開始學習一個新的內容時，太多的結構會限制孩子的經驗；太少的結構則會使孩子學不到什麼內容。以上兩種情形，都會使孩子學無

所成。

學校和兒童博物館這兩種機構,都各有明確的教育使命。博物館提供各種不同的展示和資源;學校則是在一個熟悉的環境中,提供結構化情境、課程,和常態性的教育方式。每一種機構在完成教育目標上,都各有其長處和限制。兩者之間有種相當有趣的重疊處——其中一種機構的弱點,正是另一種機構的專長。假如這兩種機構可以結合起來教育孩子,善用兩種機構的長處,克服它們的限制,似乎是相當好的構想。但是應該如何去做呢?

光譜的橋梁

光譜的理念為兩種機構提供了一座橋梁。如同兒童博物館一樣,光譜計畫是想要擴展孩子的視野。在教學活動上,光譜計畫引導孩子認識成人的角色與職業,用不同的方法教導孩子未來生活必備的技能,而且是在真實的情境下實施評量。孩子所用的教材教具,和各種不同的智慧領域相互結合,能夠幫助孩子發展獨特能力和興趣。同時,孩子在教室活動中能夠有一定程度的選擇權。

但是,和傳統學校課程一樣,光譜也有長期經營的教室,提供學生成功的學習所需的持續性重複經驗。學習和評量,按照計畫有次序地在學年中進行;安排時間,讓學生去探索不同領域,並且加深他們的了解,也讓老師有時間觀察學生,發展他們的興趣、天賦以及理解力。

對於光譜小組來說[1],促成學校和博物館之間的合作,有助於整合兩種機構的不同資源,以便做最好的運用。然而,如何將博物館大量且經過專業設計的資源,與學校的教學結合在一起呢?如何善用博物館的多元切入點(entry point),提升學校課程的效果呢?

我們希望利用光譜作為理論架構，結合這兩種機構，為孩子規畫出兩種學習環境之間互通的途徑。

因此，對我們的研究來說，我們非常想了解光譜理念的應用性，特別是在學校外開創出一種學習情境的可能性，因而開始進行光譜的兒童博物館計畫。

＊　＊　＊　＊

兒童博物館計畫

＊　＊　＊　＊

因為這是第一次踏出學校的範圍，因此我們認為很重要的是，要先找出現在已有一些夥伴關係的博物館和學校。很幸運的，我們找到了一所示範性的幼兒園和一個對於孩子和教育有著強烈使命感的社教機構。我們發現我們要找的機構，就在波士頓的兒童博物館，以及在索瑪維爾市的 SMILE 課程中。

SMILE 課程（Sequentially Monitored Individualized Learning Environments Program）（長期督導的個別化學習方案）是由聯邦教育改革所創設的設置在小學中的幼兒園課程。該小學位於一個安靜的住宅區中，SMILE 所進行的幼兒教育，已有二十五年之久。該方案的主任教師席布威爾森認為，光譜計畫可以幫助她解決所關心的問題──許多幼兒缺乏合適的教育機會。

當我們在尋找一家優良的兒童博物館時，我們發現它就在我們身邊。這間兒童博物館坐落在波士頓海港舊航道的沿岸，它是世界上最古老和最傑出的兒童博物館之一。它擁有豐富的博物館經驗和資金，以提供各種寶貴的經驗給不同年齡、學習風格和興趣的孩子。它有大規模的展示品，互動性高，並且多樣化。當我們和博物

館管理階層洽商時，發現博物館也一直積極地透過教師的訓練、多元文化教育的課程，以及其他推廣服務，建立和社區之間的關係。當時擔任博物館幼兒課程的執行長，也是後來我們主要的合作人員羅賓生（Jeri Robinson），非常熱心投入社區事務和協助波士頓地區的學校。她認為合作是一個絕佳的機會，讓她能夠發揮專業，並且服務社區中的孩子。

我們與博物館和幼兒園的夥伴們初次聚會時，找出了這個計畫的共同目標。對於席布威爾森來說，重要的目標就是提供孩子發展智慧的活動和教材教具。雖然這是光譜計畫的基本主張，但是在許多學校——SMILE 也是一樣，有限的經費必須用在人事、專業的發展和各種業務用品上。席布威爾森知道，這個計畫讓她能利用兒童博物館的資源；她雖然早已知道這項資源，但卻沒有機會去利用。

席布威爾森說，這項合作幫她彌補了課程中許多不足的地方。她和許多優秀的幼兒園老師一樣，使用主題課程，這種課程通常包含了許多不同領域的活動。她相信光譜的方式和多元智慧理論，能夠幫助她找出單元教學活動中比較少談到的領域，並且加以補強，特別是在音樂和肢體動作領域方面。她也希望合作的方式能夠對她的教學助理有所幫助，並且增進家長的參與。

對於博物館來說，合作提供了一個架構，可用來提升幼兒園學生來館參訪時的教育品質。波士頓兒童博物館長久以來一直在尋求有效幫助參訪者的方式——尤其是對家長，讓他們了解博物館所扮演的教育功能，讓家長們能參與孩子的學習過程。參觀波士頓兒童博物館有點像是進入一個大型的教育購物中心，成人和他們的孩子在其中自由地結伴「採購」，在不同的展示館中參觀，尋找他們感興趣的事物。因為參觀博物館通常是一種「一日遊」的活動，所以在參觀時遊客的步伐很快，即使其中有些地方有保齡球、吹泡泡、

滾球，以及其他容易讓孩子玩的活動，孩子們在每個展覽會場中通常只能花少於一分鐘的時間參觀。羅賓森和她的工作人員想要找出一種方法，鼓勵訪客多參觀博物館，並且做深入的參觀。

而我們則是想設計一些教學方式，不僅能夠用在這兩種機構中，也能讓國內其他機構使用。我們相信整合學校和博物館之間最有效能的教學方式，就是創造出「共鳴的學習經驗」（resonant learning experiences）。我們想要檢驗這個想法。

共鳴的學習經驗

「共鳴」（resonance）是指一種回響式的效果，理想上，當孩子在不同的場所中，再做一次相同或是類似的教材教具和活動時，就會產生這種情形。在這種情況中，每一次的經驗都會喚起先前的經驗，並且擴展先前的經驗。我們希望能夠將重要的主題和概念呈現在熟悉的學校情境中，也呈現在新奇的兒童博物館情境中，製造出共鳴的學習機會，幫助幼兒更深入地了解和內化這些概念。此外，在學校以外的地方再經歷一次相同的主題，也能幫助學生們了解主題在社區中的重要性，而不是只有他們的教師認為重要而已。

我們也希望能夠將孩子的家庭變成另一個共鳴的學習經驗發生的地點。我們相信，讓家庭投入兒童教育的方法之一，就是幫助他們了解，參觀一所博物館（不論是家庭或是學校帶兒童去參觀）能夠豐富孩子的學習。我們也為孩子們發展出一些光譜的親子活動，讓他們和家人一起去完成。藉由進行這些親子活動，父母和其他家人能夠發現，這些隨手可用的題材和學校教育，是值得他們投入時間和注意力的。這樣一來，家庭就變成了共鳴鐵三角關係中的第三個角。

我們認為，主題單元是一種有用的方式，能在共鳴的學習經驗中傳遞出光譜和多元智慧的理念，因為讓教育者運用多元的活動，不斷去探索一個概念，符合每位孩子各自不同的智慧類型和風格。雖然我們希望這些單元能去探索常被我們忽略的領域或是智慧，例如，肢體動作或個人的內省能力，但是我們也希望在熟悉的、已被眾人認同的領域中，能包含各種不同的活動型態，例如，在一般的語文活動——讀和聽寫活動——之外，增加說故事的方式。

透過與博物館和學校人員的合作，我們發展出了兩個主題單元：「白天與晚上」（Day and Night）以及「認識自己」（All About Me）。選擇這些主題的原因是，我們覺得這些主題對幼兒來說，不僅有熟悉感並且有吸引力。這些主題也是相當具有擴展性的，它們不僅能讓幼兒學到某些領域（科學和社會的理解）的重要概念，也可以提出許多有關其他領域的問題，並且可以進一步研究。此外，這樣的主題可以讓我們不必從零開始，因為席布威爾森以前已經教過相類似的單元，我們可以借用這些基礎，而且兒童博物館也已經有相關概念的展示館了。

在參觀兒童博物館時，我們希望鼓勵教師和孩子們將注意力集中在一個主題上，讓他們有一個比較不匆忙和更具意義的經驗。我們相信，一旦家長、教師和孩子們發現可以在博物館中獲得深入的學習經驗，就會仔細去看每個展示，而非只是走馬看花。

學校使用的學習活動錦囊

因為我們預測可能會需要把學習活動從某個展示會場或是學校中，拿到另外一個場所使用，或者，從學校或博物館中拿到家裡使用，因此設計了一個裝有完整資料且容易攜帶的學習活動錦囊。我

們將單元的教材教具和使用說明書，全部裝進一個乾淨的、有蓋子的塑膠捲筒中，方便攜帶、貯存和傳送。每一個活動錦囊中都有印製好的書面資料，包括簡介、教室活動、親子活動、以暢銷兒童故事為題材編寫的活動，以及博物館中相關的展覽活動表。

在「白天與晚上」這個主題中，我們發展出來的活動可用在學校、家庭和博物館，並且涵蓋了所有的智慧類型。其中在語文方面，包括用相當受歡迎的故事——《野獸國》（*Where the Wild Things Are*）（Sendak, 1963）和《伊拉在外過夜》（*Ira Sleeps Over*）（Waber, 1972）做出的故事板。另外也有一些科學活動，例如，用三稜鏡和手電筒做實驗、玩影子遊戲以及做觀察（例如，我們在白天與晚上時，會在天空中看到什麼）。有些活動，例如故事板，可以讓孩子自己在教室中使用超過數天或是數週的時間，但是其他活動，例如肢體動作，則是由成人定期帶孩子做。由於這些活動是以主題的方式來組織，並且有清楚的、書面的文字敘述，因此教師助理也能夠帶學生做肢體動作、音樂，和藝術的活動，而不一定需要教師一直在旁邊說明和指導。

在這項與博物館的合作計畫中，共有大約四十五名學生參加，他們是 SMILE 半天班（上午班或下午班都有）的孩子。除了少數幾個孩子之外，大部分孩子都喜歡這些單元的活動。故事板是一種特別受到歡迎的活動，例如，四歲大的麗莎很喜歡用玩偶和道具去講故事書的內容，尤其喜歡有位成人在旁邊按照她所講的故事內容，正確地把故事書翻到下一頁。但是凱西則比較喜歡把幾個故事內容結合在一起，編出自己的故事。

孩子們也喜歡玩光譜研究人員所設計出來的，稱為「白天與晚上」的紙板遊戲。這種遊戲以早上起床的時間作為開始，並以上床睡覺的時間作為結束，描述一位孩子一天的活動。孩子們藉由投擲

刻有數字的骰子，在圖板上下棋子。這個遊戲讓孩子們熱烈討論每天的生活和活動，同時也讓孩子可以參與在比較困難的數字領域中。

博物館的活動

當 SMILE 的教師在教室中試用這些學習活動時，博物館工作人員則在博物館裡的遊戲室中，一星期試行這些活動三次。遊戲室是一個室內活動場所，著重大肌肉動作發展的活動，並且有一座大型的攀爬器材和遊戲設備。我們很快地發現，大型的遊戲設備以及它的高度娛樂性質，會讓光譜活動受到忽視，因為光譜活動通常需要孩子們坐下來，並且使用精細的動作技能。另外，SMILE的孩子在學校時，對於這種活動已經很熟悉，也使得這套活動在博物館實施時，孩子比較缺乏興趣。而學習活動錦囊的形式，讓學校教師、助理和父母容易使用和存放，但是這對於博物館來說，並沒有什麼功用，因為在博物館中並不需要貯存和搬動。

我們計畫中的另一個項目則比較成功。我們找出博物館中有關「白天與晚上」主題的展覽，特別是有關「光和黑暗」兩方面的各種資訊。這些展示包含了「流動的光線」（*Liquid Light*），在這項展示中，他們將一系列的聚酯薄膜細片懸掛在燈光下，這樣一來，聚酯薄膜細片看起來就好像傾瀉下來的樣子；在「投影」（*Recollections*）的展示中，孩子的影子是以不同的顏色被投射出來，然後被「定格」（frozen）在一面巨大的螢幕上；另外還有「影子遊戲」（*Shadow Play*），每當孩子們的影子越過一個光線的感應器時，他們就會觸動一系列的聲音。在參觀博物館的時候，教師和家長會帶孩子來看這些展示，以及其他相關的作品。

為了提高共鳴，並且運用遊戲室中的經驗，我們設計了一些適

合孩子的活動，讓孩子在展示場中可以實際去做。例如，在「夢」（Dreams）的展覽會場中，博物館工作人員帶領孩子討論夢的內容，而展示的內容也與孩子的夢的經驗有關。這樣的展示更進一步說明了展覽內容與課程主題間的關聯性，並且也讓展示內容對幼兒們來說，變得更有趣和更具意義。目前許多博物館的展示都比較適合年齡較大的孩子，因而使得展示的概念無法讓學齡前幼兒了解，只能靠書面的說明來了解展示內容。而光譜活動的設計，讓四到五歲的幼兒有機會去了解這些展示。

　　製作與主題相關的展示，以及設計相關的活動，這兩個策略充分達到了我們的目標。比起以前，孩子更能長時間，且更投入在這些展示中。因此，我們決定把這些策略放在第二個主題——「認識自己」（All About Me）上。與這個主題的概念相關的博物館展示是「骨骼」（Bones）及「關心你自己」（Mind Your Own Business），這兩個展示都與人類的身體有關；而在另一個展示會場——「如果我不能……」（What If I Couldn't）中，孩子們則以操縱輪椅，或是不用手做家事的方式，探討身體殘障的問題；另外在「古德門之家」（Guterman House）的主題中，是以第二次世界大戰期間一個猶太裔美國人家庭的故事為藍本，做出一棟三層樓高的房子，提供一些與「認識自己」有關的家庭活動。

　　我們也增加了一些額外的活動，來使這些展示更生動有趣。在骨骼的單元中，我們讓孩子描出自己的身體外型，然後掛在骨骼模型旁，幫助學前幼兒將人類骨架模型與他們自己的身體連結起來。我們也在「關心你自己」的單元中，加入一張成長圖，將人類身體的知識和孩子自己的身體發展相結合。另外，我們在「如果我不能……」中加上一個障礙賽課程，幫助孩子對他們平常很容易就能做出來的動作，用不同的觀點去重新思考。

　　為了讓博物館中共鳴的學習效果達到最大，我們認為接待孩子參觀的館員很重要，因為他們負責博物館中每天的教育活動。因此我們為博物館展覽會場中負責帶領活動的「解說員」（interpreter）安排了訓練課程。我們向解說員解釋單元主題內容，和他們一起討論附帶設計安排的相關活動，說明光譜方式和多元智慧理論。透過訓練課程以及後續的討論，解說員有了充分的準備，可以在展示會場中帶領光譜活動，並且向孩子說明展示的內容和學校課程主題之間的關聯。

　　在博物館設計的活動裡，我們利用了博物館的長處，其中包括互動式的科技，以及新奇、大型的活動。例如，跳舞的骨頭、「會唱歌的」影子感應器，以及一幢蓋在博物館中的三層樓房子，都為孩子們留下了深刻的印象，並且吸引他們參與活動。我們看到孩子在展覽會場中，與展覽會場的解說員以及家長一起活動，並且興奮地交談著。這個活動也吸引了SMILE以外其他學校的孩子來參觀。一週中有三天的上午時間，博物館開放給三歲大的孩子參觀，其他學校的幼兒甚至全班一起來參加，由博物館遊戲室的工作人員帶領孩子參與「認識自己」的肢體動作和藝術活動。在同一時段裡，較大年齡的孩子則在光譜計畫研究人員的引導下，在博物館裡參觀「認識自己」的展示品和活動。

　　在 SMILE 教室中，孩子們繼續參與我們所設計「認識自己」單元的活動，這些活動有助於發展孩子們不同的智慧。例如，孩子們製作個人專輯，讓他們互相比較同學之間的相似和相異處；在障礙賽課程中挑戰自己的肢體活動能力；利用嗅覺罐和「感覺袋」（feely bags）（袋子中裝了「神秘的」物品，讓孩子藉著觸摸去辨認）活動來運用他們的感官；製作「認識自己」的小書，寫出他們可以在家中進行的活動種類。老師也把孩子們的照片黏到小塊的積

木上，作為遊戲的材料和娃娃屋裡的人偶。

　　從孩子們對於博物館的喜愛，觸動了我們的靈感，於是在教室中也設計了一些像是博物館中的活動，例如，我們增加了簡單的影子遊戲到「白天與晚上」的單元裡：我們以手電筒做光源，讓孩子嘗試把自己的影子投射到一張布上。另外還根據博物館中的展示，新添加了一些工具到吹泡泡區。透過這些活動，孩子們像是置身於博物館一樣，非常高興地參與活動；我們也發現了一些新奇的方法來加深孩子們對於課程的理解，使得光譜計畫的方式做到了席布威爾森所關心的目標。

　　最後，我們想要讓孩子們確實了解博物館中所看到的令人興奮的展示，與他們整年在班級中所做的活動，兩者之間的關係。所以當孩子們在參觀博物館時，教師和隨行的陪伴者（父母和教學助理）會引導孩子到展示區去，將展示內容和教室中進行的主題做清楚的連結。我們給隨行大人一張地圖，列出相關的展示區，並且用文字說明展示內容和教室活動的關係。當參觀的團體抵達博物館時，光譜和博物館的工作人員也會簡單介紹活動和主題。這種集中說明的方式，讓隨行大人不會一股腦地想到處隨意看，而是比較了解在博物館中的「遊戲」和學校課程之間的關係。

家長的參與

　　為了創造出共鳴鐵三角中的第三角，我們設計了一些與主題相關的活動，讓孩子在家中與父母和兄弟姊妹們一起做。這些活動通常與課堂中所呈現的活動類似，是一種延伸活動；當孩子們告訴父母如何做這個活動時，孩子就像是教師的角色。在「白天與晚上」單元的家庭活動中，有一個小型故事板，這個故事板活動中包含了

一本孩子在課堂中已經讀過的書、人偶和小道具，他們可以用來說故事。另一項活動則是包含了一份活動說明和材料，讓孩子和家人在一個月中，每天晚上觀察月亮，並且畫下來，然後和同學們分享。孩子們也可以借一些和單元主題有關的歌曲卡帶回家。

　　SMILE的家長根據自己以前做家庭作業的經驗，了解到家庭參與學校活動對學習的增強效果。然而，就像這一章前面所討論過的，他們普遍將拜訪博物館當作是一種課外活動，並且與正式教育無關。雖然在對家長們做有關於親職教育的需求調查時，他們將「學習如何更積極地投入在自己孩子的教育中」列為最重要的目標，但是他們對於我們所提供的博物館教育研習，卻興趣缺缺。SMILE的家長就像大多數的家長一樣，沒有將兒童博物館看做是能夠實現他們教育目標的資源。

　　我們邀請了羅賓生和她的同事摩爾（Jane Moore）一同主持學校的研習會。在研習會中，羅賓生和摩爾建議了一些策略，讓家人出遊時帶孩子到博物館參觀。他們建議將每次參觀過的主題內容做個整理，特別是孩子們在學校中所學過的單元。他們強調經常參觀博物館可以引發孩子對博物館的興趣，讓孩子有深入的學習經驗。

　　羅賓生和摩爾也指出，家長可以利用參觀博物館的機會，觀察孩子學習的情形，利用多元智慧理論去評估孩子的風格、興趣和能力。他們也建議家長問自己一些問題，例如：「我的孩子對於不同的泡泡做了什麼樣的觀察？他有去做有關形狀、大小或風向等等的實驗嗎？」這些觀察能夠幫助家長想出其他可讓孩子在家中樂於進行的活動。

　　這個研習會幫助家長們正確地認清博物館的教育價值，以及我們結合學校、家庭和博物館三方面所進行的課程主題；它也讓家長在參觀博物館時，扮演孩子的同伴角色，而非只是監督孩子。有些

家長說，他們喜歡標明了與主題相關的展示地點的地圖，因為它能夠幫助他們參觀博物館，並且做好參觀展示區的時間規畫。其他家長則說，他們看到了博物館中的展示與孩子在教室中所學之間的關聯性。這些肯定，反映出父母逐漸了解到兒童博物館像是一個教育的遊戲室，和教室中的活動息息相關。家長們在博物館中不僅是孩子的督導，也是教育嚮導，積極地投入孩子的學習中。

一年的回顧

因為光譜的兒童博物館課程為期短暫，所以我們對於長期的影響所知有限。但是我們確實製造出了在學校、家庭和博物館中共鳴的學習經驗，並且可以說在短期之內，孩子確實將博物館的展示和教室中的活動做了連結。舉例來說，比爾注意到在學校中透過小型稜鏡所觀察到的顏色，與在「流動的光線」展示中輕巧移動的聚酯薄膜細片所產生的戲劇性效果，兩者之間有相似之處。米拉達在教室中忙碌地吹泡泡，她興奮地將自己所吹出的泡泡顏色與大小，和博物館中大型的泡泡模型做比較。在學校中做影子活動時，孩子們也會想起在「投影」展示中所發現的類似效果。從孩子們自己所說出的想法中，顯現出孩子們不只記得在單元活動中與博物館中所展現出來的概念和資訊，也能夠以新的方法應用在不同的情況下。

對於席布威爾森來說，兒童博物館的課程提供了她所需要的單元教材。更重要的是，這個計畫以光譜取向和多元智慧理論為基礎，幫助她利用兒童博物館的資源，使得她的課程和學生的學習充滿意義。這個計畫也提供她一個能夠持續使用的架構，利用參觀博物館和其他社區資源來擴展課程內容。

對於博物館來說，光譜取向和計畫提供了一些發展方法，幫助

父母理解博物館遊戲的教育內涵，並且變得更投入在他們孩子的學習過程中。在光譜計畫研究員的協助下，博物館的工作人員製作了一些更適合學齡前幼兒的展示，並且更能夠喚起孩子廣泛的能力和興趣。光譜的方式可以引導孩子更長時間和更深入地投入展示活動，並且鼓勵家長扮演孩子的教育支柱。

　　此外，這個計畫留下了一個重要成果。現在負責博物館推廣教育的主管羅賓生持續使用光譜取向，規畫展示及相關活動的內容和類型。當她在設計特別的課程時——例如戲劇製作，也會掌握多元智慧的理論；在最近推出的戲劇活動中，白雪公主裡的七矮人代表了七種不同的智慧。羅賓生認為這是一種有趣的方法，可以向孩子和成人介紹不同學習和理解方式的重要性，並且和博物館中的活動結合在一起。

＊　＊　＊　＊

深度拜訪博物館

＊　＊　＊　＊

　　並非每一所學校都有機會和兒童博物館一對一合作，但是許多學校所處的位置都離博物館非常近，能夠利用戶外教學活動去參觀。我們相信這個研究計畫所獲得的心得，能夠幫助教育者在學校、博物館和家庭之間形成一種有意義的關係，也能夠在戶外教學時，提高孩子的學習效果。以下介紹一些我們所學習到的經驗：

預先去探訪博物館

　　如果可能的話，在你的班級去博物館之前，自己先去參觀博物館。事實上，最好有兩次預先的參觀。利用第一次的參觀去觀察其

他訪客，尤其是觀察孩子如何與展示品互動。放慢速度看完整個博物館，注意看哪一種展示最受歡迎？哪一種展示最能夠抓住孩子的注意力？哪一種展示能夠吸引和你的學生同年齡的孩子？孩子是以什麼方法和展示品互動？當你回到課堂上時，記住用同樣的態度觀察你的學生，並且記錄下哪些是最能夠吸引學生的活動。

如果可能的話，在一星期之後再去參觀一次博物館，這次是親自試做展示活動。在你離開之前，先找一個地方坐下來，並且仔細回顧你的經驗。在參觀展示時，在筆記中寫下你認為可以應用到學生身上，以及可以提升課程單元的資料。確實記下展示的名稱和位置，並且寫下一些簡單的說明。

這樣的參觀能夠幫助你了解博物館的配置，計畫出一條參觀整個博物館的實用路線。另外，當你選擇好了你想要孩子參觀的展示後，你可以為班級和家庭製造共鳴的學習經驗。你必須在參觀博物館之前，就先進行單元教學或戶外參觀的準備活動，並且在參觀之後進行後續延伸的活動，如此才能強化學校與校外學習間彼此的關係。

帶孩子多次參觀博物館

多次的參觀能夠讓你將焦點放在一些展示上，並且在每次參觀時，將這些展示和教室的一項主題或單元相連結。假如參觀博物館是課程中例行的一部分，那麼孩子和父母就不會感到倉促，或是擔心他們會錯過博物館中重要的或令人興奮的事物。你可以和博物館的工作人員商量將參觀的門票費用打折。

訓練你的隨行教學夥伴

告訴隨行教學夥伴，你在這次參觀中所選擇的「重點展示項

目」是什麼，以及這些展示如何與孩子在教室中所做的事和學習相關。如果能夠提供地圖給隨行教學夥伴，以及指出目標展示區的位置，會對參觀很有幫助；假如博物館能夠提供地圖，那麼你可以標出相關的展示位置。參觀之後，讓孩子和隨行的父母有時間一起去回顧他們的經驗。

鼓勵父母參與

鼓勵父母帶著孩子再度參訪博物館，並且促使他們的孩子將學校所學的和展示做連結。你可以持續為父母定期地提供教室主題的最新資料，列舉出相關的博物館展示，以及建議在家中可做的後續活動。你不需要去準備「親子活動」的材料，一般說來，一張清楚、易懂的說明書就足夠了。

將博物館的參觀當作是一種媒介

博物館所提供的豐富環境不僅是為了父母，也是為了讓教師可以觀察孩子在學習時的情形。觀察你的學生，能夠讓你了解他們擅長的和有興趣的領域，以及哪些型態的活動最能吸引他們的注意力。

在參觀博物館時，隨時將你的學生們的喜好記在腦中，去審視博物館中有哪些點子可以加以運用，以豐富你的課程單元。例如，當我們參觀兒童博物館的吹泡泡室時，讓我們想到可以在教室的吹泡泡活動中，添加一些新的教材教具。兒童博物館也能夠為你的教室情境或是角落，提供一些靈感，例如，建築工地、花園、墨西哥村莊、雨林，或者是海洋世界。雖然你的教室村莊和海底街景會比博物館的規模來得小，但是你能夠提供孩子機會參與設計，並且在教室中建造出來。光譜活動能夠幫助你建構出新的活動，提供不同

的切入點，讓學生更容易學會所教的主題和概念。

P.S. 註釋

①參與這個計畫的光譜工作人員，包括了主要研究員迦納和費爾德
　曼，以及協同研究人員克萊奇維斯基、芬絲、蕾摩司‧福特，和
　米拉克（Rochelle Mitlak）。

 參考書目

Davis, J., & Gardner, H. (1993, January/February). Open windows, open doors. *Museum News*, 34–37, 57–58.

Falk, J., & Dierking, L. (1992). *The Museum experience*. Washington, DC: Whalesback Books.

Gardner, H. (1991). *The unschooled mind: How children think and how schools should teach*. New York: Basic Books.

Gardner, H. (1993). *Multiple intelligences: The theory in practice*. New York: Basic Books.

Sendak, M. (1963) *Where the wild things are*. New York: Harper & Row.

Waber, B. (1972). *Ira sleeps over*. Boston: Houghton Mifflin.

Waterfall, M., & Grusin, S. (1989). *Where's the me in museum: Going to museums with children*. Arlington, VA: Vandamere Press.

第五章

建立合作關係：

光譜取向的師傅方案

　　不久之前，一位參與學校改革計畫的教師詢問她一個七歲大的學生：「你為什麼要上學？」這位孩子面帶疑惑地回答說：「你不是知道原因嗎！」

　　一開始，我們看到連孩子自己都不知道為什麼要上學，可能會覺得好笑。但是，再想一想，如果連大人們都不知道他為什麼要上學，那麼誰會知道呢？到底上學做什麼呢？

　　事實上，令人感嘆的是孩子不知道為什麼要上學，並且認為是父母和教師要求他上學，所以他才去，這種情況並不少見也不令人訝異。大部分的學生並不了解為什麼要上學，對許多人而言，學校已經失去了它的重要性。學校自己也無法說出它對學生有什麼好處，而且許多教室只帶著一種狹隘的學術觀點，很難讓孩子對於教室中的事情產生興趣和參與感。特別值得注意的是，孩子很少有機會去做與真實世界有關的作業，或者了解他們的興趣、技能和熱情與校外世界重視的事情之間有何關聯。

　　早有研究指出，學業成就低落的孩子，無法單靠學校幫助，而必須要有家庭、社區和社會服務機構相互配合。例如，柯摩（James Comer, 1980）的研究中已經說明，如果學校和社區人士、社會服務機構和家庭緊密合作的話，對於學生的社會和心理健康才會有正面的作用，進而讓學生產生較高的學業成就。

　　柯摩的研究結果強調了學校工作人員和社區資源之間——例如店家、警察、商人，彼此發揮專長的重要性。社區中的資源能夠用生動和真實的方式，強化學校中學得的經驗；缺少了社區的支持，學校中的一些課程——包括教育的價值，將無法受到重視（參見 Damon, 1990；Heath, 1983）。

　　我們早期的光譜研究也指出，如果學習的內容強調和「真實世界」之間的連結，例如，從每天的生活情境中，提出問題和學習的

材料、讓學生了解各種不同成人的角色和行業、讓孩子利用自己獨特的智慧形式去解決問題和做出作品，將會提高學生的學習動機。我們也發現，如果讓學生們在他們擅長的領域中工作，將能夠幫助他們變得更自我導向、遵守規矩，以及更投入於工作中（請參見第三章）。

基於與外在世界結合可對學生產生正向的和教育的效果，我們相信，將學校與社區的資源結合而設計的學習經驗，將會是學校改革中的要素。兒童博物館計畫就是方法之一。我們研究的下一個階段，稱為光譜聯盟（Spectrum Connections），在這個階段中，我們想創造出一種教室與學習的概念，讓它更貼近真實的世界。

✳ ✳ ✳ ✳

師傅方案的基礎

✳ ✳ ✳ ✳

就像一般大學的研究計畫一樣，在研究的最後一年中，光譜計畫有了新的面貌。計畫的共同主持人迦納和費爾德曼仍然擔任共同主持人的角色；克萊奇維斯基仍然是計畫的管理者，資深的研究員芬絲也還參與這個計畫。另外，我們有一位曾在小學服務八年的教師芬奇（Nathan Finch），以及剛從塔夫特大學畢業、熱情十足並且擁有幼兒特殊教育工作經驗的蒂特（Amy Deitz）加入我們的團隊。

我們有一年的時間設計和執行一個計畫，這個計畫將根據光譜的取向，使教室中的經驗和職業世界更能產生共鳴。我們認為，師傅方案將是達成我們目標的最佳工具。為什麼要進行師傅方案呢？因為要在真實世界中進行真實的合作，最重要的關鍵是要和社區中的人們建立關係，並且借重他們的經驗。孩子們需要和有特殊專

長、知識豐富且熱誠的大人互動。同時孩子們也需要沉浸在適合於他們年紀的各種經驗中，並且持續保持接觸，而不是只有一次的機會。

　　師傅方案是讓成人與學生們一起工作，以一對一的方式進行，每週一次。過去師傅帶給人們的印象就是一位扮演三種重要角色的成人：像一位家庭教師般地提供學業上的支持、行為和價值觀的角色模範，以及提供孩子生活上所缺乏的照顧和注意。傳統的師傅方案也非常重視發展出一種親密與個人的關係，幫助孩子達到教育的目標，並且獲得自尊與信心（參見 Abell Foundation, Inc.,1989a, 1989b）。我們相信，採用光譜取向的師傅方案，能夠提供個別化的情境，使學生們可以從真實人物的身上了解教室以外的真實世界。

　　然而，和其他師傅方案不同的是，我們有兩項具體目標要達成：其一是建立學校和社區的夥伴關係，另外是將光譜取向變成師傅方案執行的架構。我們首先將重點放在社區中各種不同認知能力和風格的成人與孩子身上；光譜計畫先使用多元智慧的架構找出孩子的長處和興趣，並且找出各種成人角色和行業類別的師傅。因此，師傅和學生之間共有的專長與興趣，是他們互動的重要環節。

　　我們覺得這種認知的合作關係，對孩子而言，具有獨特的意義。我們在前半年，以大團體的方式進行師傅方案，這樣一來，所有的孩子都能夠看到在他們社區中各種重要的成人角色。後半年則提供每位孩子與一位師傅定期地一起工作的機會，這位師傅會透過他的專業和興趣，和孩子分享某種領域的興趣或專長。在這過程中，最特別的地方是，師傅也像教師一樣，會引導孩子參與與專業領域相關的活動。

　　我們認為這種以領域為主的師徒經驗，與傳統的學徒經驗非常相像，兩者都讓孩子與不同領域的專家有長時間具體的互動。學生

們有機會去觀察專家，獲得第一手的技巧和概念，並且以適當的方式去運用這些技能和概念，發展他們的能力（Gardner, 1991）。

就像我們以前的研究一樣，我們將小學中最初的幾年視為一個重要時期；此時的孩子要不是第一次就學，就是剛從幼兒園轉換到較具結構性的學校環境中。因此，我們選擇了一年級和二年級的班級。雖然以六歲大的幼兒為對象，進行以領域為基礎的師傅方案相當少見，但是我們認為，透過親身體驗的活動連結學校和成人世界間的經驗，事實上非常適合幼兒。

這樣做不是為了要把孩子分類到各種職業中，或者做職業準備，這並不是光譜計畫的概念。事實上，我們認為，師傅代表了不同類別的領域、技能和熱情，能夠使得教室更貼近真實的世界，而且這種真實世界的影像，讓學生的早期學校經驗變得更具意義。我們希望透過學生與師傅定期的互動，豐富學生的教室經驗，幫助每一位學生發現「為什麼我們要上學」這個問題的答案。

建立合作關係

通常在內陸城市裡，因為失業人數高，工作場所逐漸減少，孩子與成人社會，以及工作世界間，相當缺乏合作關係。除此之外，許多學校的財務狀況過度困窘，以至於無法為學生提供最基本的經驗和資源，更甭說多元化的經驗了（Kozol, 1991）。因此，我們決定在一所位於波士頓中心的學校裡進行我們的計畫。

為了選出這所學校，我們寄信給二十位校長，後來有十所學校對我們的工作感到興趣。在見面討論後，我們對其中五所學校做了進一步的教室觀察，並且和教師們談話。最後我們決定與梅森小學（Samuel P. Mason Elementary School）合作——它是該市公立學校中

規模最小、經濟狀況最貧困的學校之一。梅森小學坐落在一個倉儲
貨運區中，居於波士頓羅克斯伯力（Roxbury）社區的兩個住宅區
之間。學生大部分來自當地住家安置計畫的家庭和南波士頓區域。
暴力和藥品濫用問題籠罩著整個社區。

　　梅森小學收了許多因為各種原因，而被鑑定為學業成就低落的
孩子，同時，梅森小學中 79%的學生來自於低收入家庭，至少 65%
的學生來自於單親家庭。雖然梅森小學的經濟貧困，但是學校學生
的人種相當多元，包括非洲裔美國人（42%）、維德人（Verdian）
（23%）、白種人（19%）、波多黎各人（15%）、亞洲人（1%）。
幾乎一半以上的學生是來自於非英語系語言的家庭。

　　但是，梅森小學有一項優點，就是它擁有勤奮積極的教職員。
自從活力十足、具有前瞻眼光的校長羅索（Mary Russo）擔任校長
兩年以來，學生的人數已經雙倍成長達兩百六十位。在羅索的領導
下，學校採行學校本位管理，進行全校性的改革。羅索有一個相當
積極參與學校的家長團體，因此，我們藉由這個團體，建立了親師
合作諮詢委員會（Connections Parent Advisory Council）。

　　和我們共同合作的教師是史提（Gwen Stith）和歐布蘭（Mary
O'Brien），他們是兩位既積極、教學經驗又豐富的一年級和二年級
的教師，另外還有一位由史提指導的實習教師崔門特利（Lindsay
Trementozzi）。這個三人小組堅信學生具有無數未被開發出來的長
處，但是他們覺得自己沒有什麼資源可以去幫助學生開發專長。對
他們而言，親師合作的方式似乎可以擴展學校的學術課程，而不是
降低品質。

　　我們從春季開始，和梅森小學的教師們進行兩週一次的會議，
將光譜取向介紹給他們。這些會議和小型研習會持續進行到夏季。
當學校在秋季一開學，教師開始使用多元智慧理論去觀察學生，並

做記錄之後，我們將許多時間花在討論教室觀察的目的和技巧上。我們都了解到，最有價值的觀察是從合理、豐富的活動中產生的，所以我們將會議和研習會的重點，放在找出這樣的活動和設計一些新的活動。

師傅的選擇

教師和研究員都有共識──我們要從不同的專業中找出師傅人選，以便讓孩子認識不同類別的成人角色，並且讓每位孩子能夠根據他們的專長和興趣，和一位師傅一起做事。我們也希望師傅人選能反映出孩子的文化背景或是種族，並且男性、女性都有。

為了選出師傅人選，我們做了一個全面性的甄選和審查過程。我們從當地的師傅組織，包括了波士頓教育夥伴（Boston Partners in Education; BPE）和波士頓共濟會一對一專案（Boston United Way's One to One Program）中，得到了一些專業意見。波士頓教育夥伴推動師傅方案有二十五年的經驗，它在尋找和審查師傅人選方面，提供了我們許多寶貴意見。我們打了許多電話給一些組織和個人，以及一些有興趣參與這個工作的人，並且寄發了一些申請書的資料，其中包括師傅方案的背景資料和申請表。在初步篩選過回信後，我們選擇和約談了一些候選人，看看他們和幼兒一起工作的能力，以及投入師傅方案的能力。我們也考慮每一位候選人的領域或興趣，是否都適合於一和二年級的課程（參見表5.1會談的問題）。

表 5.1　師傅方案申請人的訪談問題

1. 請告訴我你目前的工作內容（或是你將要和孩子分享的工作是什麼）。

   ▶ 你在這裡工作了多久？
   ▶ 在你的工作中需要具有哪些技能？
   ▶ 你要如何對六或七歲的孩子形容你的工作？
   ▶ 孩子會對你工作中的哪一部分特別有興趣？
   ▶ 孩子或許可以由了解你的工作中，學習到什麼最有益的事情？

2. 請再多談談為何你想要成為一位師傅？你希望從這次經驗中獲得什麼？

3. 你是否曾有過與六歲或是七歲大的孩子一起工作的經驗？如果有，你和這種年紀的孩子在一起時，最美好的記憶和最受挫折的經驗是什麼？

4. 你認為和一小組的孩子一起工作，或者和一個孩子一起工作，可能的優點和困難各是什麼？

5. 假如你面臨以下的情況，你會如何做？

   ▶ 你正帶領一個小組的活動，而有一位孩子拒絕參與？
   ▶ 你正和一小組的孩子一起工作，而一位孩子坐不住了——事實上，這對小組造成很大的干擾，讓其他孩子都難以工作？
   ▶ 你與一位孩子一起工作，此時她正在寫一篇自傳性的故事，並且和你分享她家中一樁令她煩惱的事件，此時你會如何？

6. 對於要成為一位師傅，你所考慮的是什麼？你認為還有什麼樣的問題，你沒有考慮到？

7. 請再多告訴我們一些有關你目前投入的社團、組織，或者兩者都有。你在閒暇時所做的哪些事，可以和孩子分享？

8. 你認為你可以持續地進行這件工作嗎？（向其解釋工作的期間，以及須接受訓練的義務。）

在夏天結束之前，我們選出了十位師傅，組成一個核心團體，他們都是具有熱情和才能的人，並且願意投注大量的時間來參與這個方案計畫。我們很高興能找到這樣一個多元與熱心的團體，也很幸運地享有梅森學校與波士頓公園及休閒管理局（Boston Parks and Recreation Department；BPR）的地利之便。這個機構事實上從學校跨過一條街就到了，並且管理局中有幾位工作人員在幾年前就參與了學校的閱讀方案。因此，我們的十位師傅中有六位來自於波士頓公園及休閒管理局，他們獲准在平常的工作日中可以有一些時間去參與這個計畫。

在專業的代表性方面，從波士頓教育夥伴組織來的師傅中，兩位是都市計畫專家（其中一位也是建築師），兩位是公園巡邏的騎警，以及兩位運動員。其他四位師傅是音樂家、詩人、影像藝術家和攝影師。他們同時也是由非洲裔美國人、白種人、印地安人等多種民族所構成的多元文化團體，其中有八位是男性。雖然我們希望在性別上更平衡一些，但是對於具有這種代表不同種職業的、正面的男性角色模範的團體，已經感到很滿意了。

課程的設計

為了讓孩子們能夠掌握住學校與社區間的合作關係，我們將邀請師傅來校造訪（mentor visits），設計成教室課程的一部分。我們決定在社區研究的單元中，介紹這些師傅讓學生認識。我們計畫了三個有趣的單元，從九月開始一直實施到一月中旬。

上學年是從一個比較熟悉的基本單元——「認識自己」開始，接下來是「我的家庭」。然後，在第三個單元——「我的社區」中，大部分的師傅一起出現在班級中，並且說明他們在社區中的專

業角色。在設計這些單元時，我們利用了教師和我們自己所熟知的
活動，例如：「認識自己」的活動是在與博物館合作的期間所發展
的。就像在第二章中所描述的，光譜和方案教學有某種程度的共通
性，而我們也引用與該領域相關的文獻來發展這項單元活動（Jacobs,
1989；Katz ＆ Chard, 1989；Zimilies, 1987；另外還可參見 Gardner,
1991, pp.51-52，有關於方案教學）。

　　我們以各種不同的方法將光譜取向融入共同合作的課程中。首
先，如同前面所描述的，我們先找出代表各種能力類別的師傅。第
二，我們使用光譜取向作為一個架構，發展和修正單元活動，吸引
各種不同專長和興趣的學生。第三，我們大量利用光譜活動和相關
的觀察架構，評量孩子的專長和興趣。舉例來說，將光譜的組合和
故事板活動融入教室的活動中，以便了解孩子在機械和語言表達方
面的能力。

　　第四，基於學校和博物館的合作經驗，我們也努力創造能夠引
起共鳴的學習經驗，讓那些交互「回響」（echoing）的經驗，增強
孩子的學習。因此合作的活動中，包括有單元活動、師傅來校之前
相關的準備活動、造訪之後延伸的活動，以及師傅造訪當日的活
動，大部分的活動都以社區為主題。

　　史提和歐布蘭也在教室中設置學習中心，這些學習中心使得師
傅方案中的課程教材和經驗，可以在教室中出現。在學習中心的教
材教具，包含了師傅造訪的各種經驗和資料。因此光譜評量活動也
可在這裡找到一個據點。因為學習中心提供教師們一個機會，讓他
們在不同的領域中，更確實地去觀察孩子；也提供孩子機會，讓他
們實際操作師傅在其行業中所使用的工具，使孩子更精熟這些工具。

對師傅的訓練

我們第一次師傅方案的訓練研習在九月舉行，任職於波士頓教育夥伴組織的卡騰（Lonnie Carton）和我們共同主持。卡騰是一位在波士頓公立學校服務多年的兒童發展專家，他也是我們與波士頓教育夥伴組織合作時的另一個得力支持者。第一次師傅訓練研習對我們全部的人來說，是一個彼此認識的機會，並且一起討論許多問題：從孩子的發展、光譜取向的理論基礎，到梅森學校的現況、課程、孩子的背景，以及共同認同的規則和實作的方法。

在這一整年中，一共舉行了五次的師傅訓練研習，這些會議通常用來討論和示範實際執行時會遭遇的問題。例如，如何去使用團體管理的技術以維持教室的秩序；探討和學業成就低落、麻煩的孩子相處時，所可能遇到的其他問題；以及討論師傅方案實施時所看到的特別問題，例如：行為問題的處理與教學策略的應用。

從第一次研習之後，我們向所有師傅們強調，光譜合作方案是一種特別的方式，相對於其他師傅方案來說，是很具挑戰性的——因為我們不僅要求他們做孩子的朋友和角色的模範，也要求他們確實以自己專長領域的技能為基礎去教孩子。所以我們在每次研習時，都會撥出一些時間，讓師傅去設計他們所要帶領學生進行的活動。這給師傅們一個機會，讓他們從教師、光譜計畫、波士頓教育夥伴組織的工作人員，以及他們的師傅夥伴身上，得到支持和各種教學活動設計的點子。

就像其他團體一樣，這些師傅和學生彼此之間在建立互動的能力方面有很大的不同。有些師傅能夠輕易地判斷出學生的興趣程度，而另一些師傅則在整年中都需要藉由一些協助，才能使他們的

工作順利地被一年級學生所接受。總之，教師和工作人員得到的支持，是這個課程能夠成功的關鍵要素。

我們請師傅們對訓練課程提出評鑑的意見時，他們說，這個研習對他們而言，有好幾方面相當有用，也非常重要。他們發現到有關孩子發展、教育，和常規管理等訊息對他們特別有用，他們也指出這個研習使師傅之間建立了夥伴關係。他們感謝有機會看到學生的傳記和作品，讓他們能去了解學生。這個訓練對於光譜的工作人員來說，也非常有收穫，因為它讓我們了解哪些作法比較有用。

✳　✳　✳　✳
介紹師傅和他們的專門領域
✳　✳　✳　✳

十月初開始，師傅們每兩週一次全體一起來學校。所有師傅必須至少來學校一次；假如他們到兩個班級去的話，就至少得來兩次。在社區的單元中，和我們原先所期望的一樣，提供了一個機會介紹每個師傅和他們在社區中的角色。舉例來說，在研究城市建築物的「建築物之旅」（buildings walk）中，很自然地就可以介紹都市計畫學者到學校來；在音樂家瑞德來校之前，學生則先探討過「我們在社區的什麼地方可以聽到音樂？」這個主題。

孩子們的積極參與，以及他們高品質的學習成果，說明了這種師傅方案的教學非常吸引學生。當孩子所做的工作與他們每天的生活相關時，他們就會特別詳盡和仔細地去做。例如，住家附近有哪些公園、他們喜歡的音樂，或是實際動手做的活動。

在師傅來校之前，學生會事先經由教師的引導，參與準備的活動，或是在學習中心裡從事相關的活動。舉例來說，在音樂家來之

前，學生會先研究不同的樂器，以及傾聽和討論不同類型的音樂。在學習中心裡，他們用小豆子和迴紋針放進罐子中做成沙鈴，嘗試做出不同的聲音。

　　教師們也會提供時間讓孩子們在學習中心裡，用師傅提供的工具和其他教材教具自由地探索。舉例來說，在都市計畫學者來校之前的準備課程中，教師用丁字尺、藍圖，以及其他建築和設計的工具，佈置了一個機械學習中心。我們發現這些不同領域的材料，讓孩子在師傅還未造訪前，就已經對他們產生了極大的好奇心和許多的問題，並且產生高品質的活動。

　　為了讓學生確實地參與師傅來校的活動，教師們要求孩子們事先一起想出一些問題來問師傅。他們的問題經常是從一些一般性的問題開始，例如：「你的故鄉在哪裡？」和「你有孩子嗎？」教師也會幫助孩子們準備一些比較屬於師傅專業領域的問題，讓孩子們問音樂家：「你如何學會打鼓的？」問都市計畫學者／建築師：「你會製作地圖嗎？」在光譜工作人員的建議下，師傅們用一種共同的方式，但也有一些彈性，向孩子們介紹自己：「我是誰？」（自我介紹），「我的工作是什麼？」（介紹個人工作的領域），「你們想要知道些什麼？」（問答的時候），以及「它看起來像是什麼？」（動手做的活動中）。

　　當演奏低音樂器和鐵鼓的音樂家瑞德來到學校時，他很快地就開始為好動的學生進行樂器演奏。孩子們真誠愉快地鼓掌，並且很高興地分享他們的想法：「它聽起來像是一匹馬！」「我以前從來沒有看過一把像這樣的吉他！」所有的師傅們都碰到了相似的情況──孩子們有問不完的問題，瑞德還被問到：「你打鼓用的那些東西是什麼？」（音錘），「你的工作是什麼？」（音樂家），「你如何學習演奏？」瑞德回答了一些問題之後，會將其他問題拋回去

給學生：「你告訴我，假如你想要學習演奏一種樂器時，你會怎麼做？」

　　在他設計的活動中，瑞德教孩子們一首簡短的歌，並且伴隨了一些手勢和舞蹈步伐，然後他帶每一位孩子練習敲擊小鼓。另外一位師傅——攝影師傑克森（Reggie Jackson）則帶來一些照相機和其他器材，讓學生使用相紙拍攝出一些相片。而運動家師傅則讓孩子們去做一些肢體活動（參見表5.2師傅造訪和相關活動的例子）。

表 5.2　師傅造訪和相關活動的例子

師傅	造訪前的活動	師傅造訪	造訪後的活動	學習中心
漢娜（Amatul Hannan）影像藝術家	☑討論使用照片的多樣性 ☑討論孩子的特性 ☑問題的集體研討	☑討論漢娜的藝術作品、影片工作，和各種不同的製作法 ☑製作「我是特別的」襯衫 ☑由漢娜製作一個具有特殊效果的錄影帶節目	☑觀看錄影帶 ☑製作與師傅造訪有關、畫有插圖的大本故事書	☑素描和繪畫 ☑閱讀書本、聽錄音帶 ☑閱讀大書
瑞德（Ron Reid）音樂家／樂團團長	☑製作沙鈴、響葫蘆 ☑藉由將不等量的水裝在玻璃杯中，製造出不同音高的樂器	☑討論瑞德的樂器、如何演奏樂器、音樂學校、鼓的製造方法 ☑示範演奏鼓	☑書寫反思單；將反思表集結成一本書 ☑舉行團體討論：音樂是什麼？音樂	☑使用沙鈴和響葫蘆去玩節奏和聲音互相搭配的遊戲 ☑玩以水杯製成的樂器

（續下表）

因材施教

（承上表）

	◪討論樂器的海報 ◪聆聽音樂，鑑定不同的樂器 ◪問題的集體研討	╱低音樂器 ◪教孩子歌曲╱手勢 ◪孩子演奏鼓	家是什麼？ ◪討論瑞德的造訪	◪聆聽音樂帶，評論海報上的樂器
歌塔（Vineet Gupta） 設計師╱都市計畫學者	◪討論遊樂場和設備的照片 ◪用棉花糖球和牙籤搭蓋建築物 ◪觀察波士頓的建築物在天空映襯下的空中輪廓線 ◪徒步遊覽，注意各種建築物 ◪使用歌塔的工具	◪討論歌塔的工作 ◪繪製公園平面圖 ◪研究他的地圖 ◪試驗他的工具 ◪以小組的方式，使用可環保回收的廢棄物，製造「世界上最好的公園」的模型	◪書寫反思單；集結成一本書 ◪參觀一年級的建築物 ◪持續地研究建築物	◪玩建築的積木和其他建築的教材教具 ◪玩食物研磨機和組合性的教材教具 ◪開始建造城市模型

　　大部分的師傅就像瑞德一樣，帶了許多與他們專業領域相關的工具和教材到教室中。一位負責公園巡邏的騎警在他造訪前的一週，將一套照料馬的工具帶到教室中，然後在他來校的當天帶了一匹馬到教室中！另一位負責公園巡邏的騎警則穿戴了全套的裝備來到教室，這些裝備深深吸引學生（例如：手提無線電話機、制服、警徽……等）；都市計畫學者則留下了設計的工具在學習中心裡好幾個星期，並且帶來了一些都市設計圖。

在師傅造訪期間所產生的想法，都會在後續的全班團體教學和學習中心的時間裡繼續探討。在瑞德來校之後，學生在他們的社區中，繼續進行「聲音之旅」（sound walks）的活動，探索不同的音樂；在都市計畫學者來校之後，學生們繼續進行建築物的課程。在每一位師傅造訪過後，教師也鼓勵孩子們寫下和畫下他們的反思。這樣的練習能夠幫助孩子發展書寫和思考的技能，並且讓他們把自己在學校所學的和社區做連結。二年級的孩子則利用每次師傅造訪所寫的反思表，製作一些書籍。

師傅和具有相同興趣的學生配對

在後半年中，師傅們則與同一小組的學生，每週聚會一次，師傅們亦倍感責任重大。我們在學年初的頭幾個月中，花了許多時間鑑定出學生的專長和興趣，以便能夠將每位學生與最適合他們的師傅彼此配對組合。

就像光譜計畫的前面階段所做的一樣，我們認為如果能充分提供孩子不同的經驗，那麼他們將會展露出自己獨特的專長和興趣。我們用來鑑定學生專長的主要工具是觀察：在單元活動中、兩週一次的師傅造訪時、學習中心的活動中，其中有許多光譜的評量活動等時機，對學生進行長期的觀察。學生們對於師傅造訪和活動的反思，與家長、學生會談，都可以用來補強觀察資料，以找出學生的特殊傾向。

我們在光譜教師會議中，一起檢閱這些觀察資料和其他原始資料，並且從下列的問題去做討論：

" 某個學生所顯露出的興趣和能力是什麼，他如何表現出他

的專長？

☑ 某個學生在什麼樣的活動中表現優越？

☑ 某個學生被什麼樣的課程和光譜活動所吸引？

☑ 某個學生被哪一些師傅所吸引？

☑ 在哪一種活動中，某個學生會去幫助其他人？

　　史提和歐布蘭很喜歡這些討論，並重視孩子能夠做什麼的部分。教師們知道他們通常花很多時間去找學生的缺點，他們很感激有這個機會去找出孩子所擅長的事，以及找出能夠幫助學生專長和興趣的情境與資源。

　　這兩位教師說，這些會議就像是專業發展的活動一樣，讓他們學習如何更進一步地去觀察多元智慧，並且將焦點放在孩子的長處上。他們也學會了如何以學生的專長和興趣來組織他們的教室，並且，就像這些教師們所觀察到的學生能力類別一樣，他們看到有一些能力領域從未有機會在他們班上出現，因此他們也開始在教室中準備相關的活動和教材教具。

　　每位孩子在一月之前，都被安排好與一位經由我們的判斷，認為是「最適合」每位孩子的興趣和能力的師傅在一起。小組的大小通常是一位師傅對三到六位孩子。每個小組的大小和組合，都是視學生的專長和興趣而定，其中也包括一些特殊的考量，例如：避免孩子之間顯著的個性衝突。在一月中之前，這種以小組方式進行的師傅方案開始上路了（師傅方案課程的行事曆請參見表 5.3）。我們對孩子的評量證明是有效的：只有一個孩子不喜歡他的小組，因為他是小組中唯一的男孩。後來他被換到另一個小組中。

表 5.3　師傅方案課程的行事曆

第一階段——夏季	第二階段——秋季／冬季	第三階段——冬季／春季	第四階段——春季／夏季
1. 實施長期的教師訓練	1. 實施師傅的訓練研習	1. 實施第二次的師傅訓練	1. 結束小組的造訪（五月中）
2. 發展介紹師傅方案的單元	2. 開始進行介紹師傅方案的單元	2. 完成全體師傅來校造訪（一月）	2. 進行整個活動中最高潮的項目：小型活動、發表會……等
3. 規畫對師傅的訓練	3. 實施進行全體師傅的造訪	3. 將孩子和師傅配對（一月底）	3. 舉行感謝活動：梅森學校的早餐會、零方案的接待會
4. 聯絡師傅的組織	4. 開始造訪造訪前和造訪後的活動，以及學習中心	4. 發展推薦實施的領域單元	4. 召開家長諮詢委員會議
5. 寫信和打電話給可能會成為師傅的人選	5. 觀察孩子	5. 開始進行小組活動的師傅造訪活動	5. 和教師、校長、學生、家長與師傅進行期末的會談
6. 會談和審查應徵者	6. 舉行支持師傅方案的研習	6. 開始每週以電話支持師傅的工作情形；舉行支持師傅的工作研習	6. 資料分析
7. 找出不同領域的師傅	7. 持續進行教師和光譜研究員的會議	7. 繼續進行師傅的研習	
	8. 為家長舉行介紹師傅方案的研習	8. 持續進行教師和光譜研究員的會議	
		9. 邀請家長參加師傅的團體	
		10. 為家長舉行更進一步的研習	

共同工作

　　這是第二學期一年級的師傅日。影像藝術家漢娜在教室中的一個角落裡，幫助她小組裡的四位孩子，製作故事板活動的錄影帶。對面教室中，都市計畫學者吉霖（Aldo Ghirin）和他的三位學生小組，全神貫注地在設計和建造一個教室模型。在樓下教師休息室中，負責公園巡邏的騎警皮爾斯泰（John Piasta）和他的三位學生，針對收集籃中的物品，分類出哪些是「天然的」，以及哪些是「人造的」；哪些是「自然的」，以及哪些是「污染物」。而運動家師傅波秀（Leo Boucher），則在另外一邊帶著一群孩子利用體操用的墊子、呼拉圈，和大型的保麗龍方塊設計出一個障礙賽課程。

　　師傅日的活動總是令人非常開心的，師傅們還沒有來到教室之前，教室裡早已充滿期待的氣氛了。由於一年級的學生還沒有什麼清楚的時間觀念，所以他們總是整週都在問：「今天是師傅日嗎？」甚至整天都在問：「師傅們什麼時候會來？」基本上，師傅在每個星期三會到一年級班級中一個小時；在每個星期四會到二年級班級中一個小時。

　　光譜工作人員和教師們幫助師傅去安排他們的活動，以一個月為長度，並且每個活動都以孩子們前幾週中已經學過的技能作為基礎。舉例來說，漢娜與她的一年級學生小組一起進行一個影片的計畫。在決定製作一個音樂錄影帶節目之後，孩子們設計了一個故事板，安排好歌曲、舞蹈的順序和特殊效果。他們選好了音樂，編好

了舞步，設計和縫製戲服，並且學習如何去使用錄影的設備。在實際練習了幾個星期之後，他們錄製了他們的表演，並且去拜訪一間錄影工作室，這家工作室幫他們剪輯帶子，以便在學期末發表。

攝影師傑克森所帶領的孩子學會了拍攝照片所需的技能。在最初的幾週，孩子們先用裝麥片的紙盒和咖啡罐製作了一些照相機，並且用這些相機去研究基本的照相要素。然後，孩子們在學校的一間暗房中，學習沖洗出他們自己的照片。另一個計畫是由負責公園巡邏的騎警和學生們一起進行一系列的種植實驗，他們嘗試在各種不同的條件下種植豆子。孩子們進行的其中一項實驗研究是：如果在泥土上薄薄地覆蓋一層灰泥，豆子的種子是否還能夠發芽？經常對課程不感興趣的吉米，對於這個結果非常好奇，每次教師一轉過身，他就會去看栽培箱，他的教師說：「我從沒見過一個孩子那樣專注。」

師傅方案的課程中也會介紹孩子認識社區資源的活動。藝術博物館（Museum of Fine Art；MFA）的工作人員不但到學校來介紹孩子認識博物館，也帶學生做一些藝術方面的專題計畫。後來，孩子也去參觀藝術博物館和當代藝術博物館。

一年級和二年級的學生也都參觀過波士頓福蘭克林公園（Boston's Franklin Park）的動物園，而且每個小組都各自進行和他們領域有關的活動。瑞德的小組記錄了自然界的聲音；詩人桑德（Lena Saunders）的小組則在一棵樹下找到一處舒服的地點，然後以周遭的事物為靈感，在那裡寫詩；而傑克森的小組到處拍照，漢娜的小組則為他們的方案拍了一些影片的鏡頭。

每個小組也去實地參觀師傅們的工作場所。他們分別參觀的有錄製影片的工作室、大學中的攝影工作室、都市計畫學者的辦公室、公園休閒管理局的辦公室、巡邏騎警的工作站和馬棚，以及一

所音樂學院。參觀這些工作場所，事實上是這個課程中最成功的一部分。這些參觀之所以獲得好評，部分原因是因為師傅們在他們的工作場所中，具有專家身分，能夠非常自在地將相關的內容介紹給學生。瑞德的小組參觀了音樂學院的練習室、演奏樂器，並且看到了樂團的排演。安德魯原來是班級中比較麻煩、反應遲鈍的孩子之一，他在心智或是身體方面的能力，落後他的小組夥伴很多；但是在這次參觀行程中，當樂團和諧地演奏出華麗的樂曲時，他全神貫注地注意著他們的演出。在期末的訪談中，安德魯自願分享他在參觀時，聽到低音喇叭和其他樂器的演奏留給他的印象。

經由這種參觀，對孩子造成深刻影響的例子還有許多。安琪是由都市計畫學者所帶領的小組成員之一，她做出了師傅辦公室的模型作為她期末的報告。在攝影小組的孩子反思單中，他們多次提到在攝影工作室中看到的放大機。後來我們訪問了二十六位孩子，問到他們對於師傅小組中印象最深刻的事情是什麼時，其中十位孩子立即說是他們的參觀活動，並且有二十位孩子能夠立即說出他們師傅的工作場所名稱。除了四位孩子以外，幾乎所有孩子都能夠輕易地說出他們師傅的職業。我們也訪問了八位師傅中的六位，他們建議在課程中可以再多包含一些對於他們的工作或是相關場所的參觀活動。他們覺得參觀活動把學校和外在的工作世界，具體而自然地連結起來。

孩子們每次參加完師傅小組活動之後，都要寫一張反思單，其中有兩個問題：「你做了什麼？」和「你學到了什麼？」我們鼓勵孩子們寫下或畫下他們的想法。對孩子們來說，寫出反思單既是一種挑戰，也是一種獎勵。這種作業讓孩子們去仔細地思考，並且清晰地說出他們的師傅活動經驗，這些事對所有孩子來說，並不是很容易就能做到。因此，他們在分享時間時，把這些反思單作為提醒

的工具，讓他們可以參考來說明他們的想法。在這一年的最後階段，孩子們再讀一次所有的反思單，然後將其裝訂成冊，加以繪圖裝飾成書，很開心地帶回家去。

學生們也製作個人學習檔案：先用 18×24 吋大小的資料袋蒐集他們的作品，然後將這些裝訂起來，再加以裝飾。這些檔案保存了每一週師傅方案所做出的成果，例如，迷你奧林匹克比賽的計畫、詩作、模型設計，以及反思單。所有的小組都有一些「小組盒子」（group boxes），這些盒子主要放置一些材料，或是尺寸太大無法裝入檔案的物件。舉例來說，瑞德的小組就將他們所製作的樂器放在他們的盒子中。

檔案是展現孩子們工作成果的一種方法，另一種方法則是運用每週的分享時間，由孩子們向同學說明他們的小組活動情形。他們也將自己使用過的教材教具、創作的作品，包括詩、照相機和教室模型展示出來。他們在做發表展示時，經常從他們的檔案和小組盒子中取出一些物品。在分享時間裡，教師們可以藉此時機評量孩子們學到的內容知識，和說出他們經驗及理解情形的口語表達能力。即使是很沉默的孩子也都會受到鼓勵，而願意向同學們發表意見；或許這是因為要表達的內容和他們本身的經驗有關，讓他們覺得自在和有信心。學生們在分享的時間裡，通常都興趣盎然並且十分專心。歐布蘭和史提都覺得，孩子們從彼此之間學習到了非常多的東西。

除了這些較正式的反思時間外，這些班級也經常在師傅來學校之後，隨即出現一些分享活動。孩子們會問其他師傅和同學，有關他們的師傅小組活動的情形。這種非正式的問答時間，讓孩子們有機會和自己小組以外的成人和同儕互動。

歐布蘭、史提和崔門特利也不斷地尋找一些能夠將師傅活動與

其他教室活動相結合的方法。他們製作了一些與專家領域相關，並能夠在學習中心裡使用的各種教材教具和活動。除此之外，他們無論何時都盡可能去結合有關師傅小組的專業能力；舉例來說，歐布蘭在語文課時，讓學生們和詩人師傅一起分享音韻上的專門能力。孩子們自己也會將他們的師傅小組活動經驗和課程連結起來；在數學和科學的課程中，都市計畫學者的小組自願分享他們從模型建造中學來的測量和形狀方面的知識。他們對於能夠幫忙教同學如何使用量尺，感到非常光榮。

※ ※ ※ ※

師傅方案的優點和挑戰

※ ※ ※ ※

當我們觀察學生們和師傅們在這一整年中一起工作的過程時，最顯著的情況就是，光譜計畫在用來教育對學業不感興趣或是掙扎中的孩子，是一個有效的方式。有一些被老師歸類為無法投入或是「程度低落」的學生，在師傅方案和合作課程的活動中，都能夠積極地參與。一些愛搗亂或是拒絕參與一般教室活動的學生，也積極地和他們的師傅小組合作，並且參與其中。他們自在地和師傅們交談、問問題、分享想法和策略，有時還會擔任領導者的角色。崔門特利描述了漢娜小組中的一個學生：

> 我從未看過一個人像珊卓拉一樣，她從未在班上說過話，但是當她在漢娜的小組中時，卻真的非常喜歡她的活動……在這一年即將結束時，她舉起了手，並且自願做報告……在這之前，她從未在團體面前發表過意見。我深信，

這些改變都是從她和漢娜一起合作之後才造成的。

有些被老師們認為難教的孩子，卻在與他們師傅小組相關的一些學習中心裡沉浸很長的時間。史提注意到，瑞德小組中的一位孩子安德魯，在大部分的學校活動時間裡很少說話或是參與活動，但是他經常花非常多的時間在音樂中心，演奏樂器、重複播放他的小組錄音帶，並且為其他孩子展示、說明他在師傅小組中所自製的樂器。

不論這些孩子是否被認為是「學業成就低落」，或是學習困難，每個孩子還是非常不同；他們有多元的認知型態，以及不同的專長，這些都能夠在教室中被辨識出來，並且加以培養（Gray & Viens, 1994）。藉由將師傅帶進學校，我們嘗試告訴孩子，每個人都具有各種不同的能力，這些能力都是寶貴的，並且能夠對他們的社區有所貢獻，每位孩子都能貢獻出自己的能力。

有效的課程要素

在這一年中，光譜研究員對師傅們所帶領的活動做了一些觀察，並且就像之前所說明的，教師們也對學生們做了一些觀察。我們也在方案進行之前和之後，分別和孩子、師傅、教師、家長，以及校長會談。根據這些資料，我們試著找出在這個方案中最具影響力的要素。這些要素有：發展個人的關係、發展社會技能、幫助孩子認清自己的專長、獲得某種領域中的技能，以及將學校和真實的世界結合起來。

◆ 發展個人的關係

雖然師傅方案的課程是著重在師傅的專業領域和相關的活動

上，我們仍然想要在師傅和孩子之間維持一種親密的個人關係，這是一種傳統師徒制中最顯著的特色。我們覺得小組的形式和彈性的活動設計，能夠促進這樣的個人關係。我們試著在師傅小組活動中平衡專業領域知識和遊戲的比重，以便讓師傅和孩子們有機會因為彼此的信任關係和快樂的感覺，一起分享活動經驗。

師傅和孩子們對於師傅方案的回饋，證明我們除了認知上的指導之外，也成功地維持了這種充滿感情的人際關係。這些師傅們在描述他們與孩子的關係時，除了使用「嚮導」、「指導者」和「教師」這樣的說詞外，也經常使用像是「朋友」、「姊妹」、「特別的阿姨」這樣的名詞。這些孩子們也在行為和言談中，表現出他們對師傅們深刻的感情。當我們問到，假如他還有更多的時間能夠和他的師傅在一起的話，他將要做些什麼，一位名叫麥可的孩子說：「我要給約翰一千萬個擁抱！」

◆ **發展社會技能**

由師傅和學校共同合作的課程，似乎是這個方案有顯著成效的主因。師傅和教師們注意到，透過這種課程，孩子在與人交往和人際關係的技能方面，獲得了充分的發展。師傅們提到，在他們小組中的學生，變得愈來愈能夠自在地和他們「像朋友般」地交談。羅索校長也注意到，參與合作課程的孩子在放學後的活動中，表現得令人注目，她說：「他們能夠自在、愉快地和成人交談。」家長也注意到，他們的孩子會談到更多有關於學校的事，尤其是有關於師傅小組的活動。

孩子們似乎真的能夠在他們的師傅面前開放自己，就像一位教師所說的──「走出了他們封閉的世界」。兩位家長說，這種課程幫助他們極度害羞的女兒變得不再太過壓抑自己，並且在學校中較會與人互動。歐布蘭說：「琳達剛來時，像一朵害羞的小花，但是

很快的，她能夠坐下來和瑞吉談話，並且能夠繼續聊天，這是她以前所無法辦到的事。」

◆幫助孩子認清自己的專長

孩子們透過合作的課程，了解自己的專長和興趣。家長們說，孩子在家中會自己設計與師傅方案有關的活動，例如，練習在運動家小組中做過的身體活動。瑞德的小組成員唐妮說，她自己「善於唱歌，很有節奏感」；羅麗莎說，「我從來不知道自己能夠擅長某一件事情！我從來不知道我能夠作詩。」勞倫斯在學校中弄破了夾克，但是在一陣驚慌之後，他隨即興高采烈地說：「我知道如何補！我可以把它補好！」

◆獲得某種領域的技能

因為教學對於許多師傅來說都是一種新的經驗，他們所帶領的不同領域的活動，能力也有所不同。不過孩子們真的從他們參與的工作中學到了非常多東西，並且在每週與師傅一起工作的過程中，真的學到了領域方面的知識和技能。年幼的攝影師會用科技的設備，清楚地說明如何操作照相機，解釋為什麼某些照片會或不會被洗出來，並且描述和動手做出沖洗照片的步驟。漢娜的小組也變得精通於科技設備，而桑德的詩人小組則變得更精熟於字詞的運用，這一點也可以從他們所作的詩中獲得證實。

由兩位公園巡邏騎警所帶領的小組，學到了有關自然和環境中的事物，了解污染的問題和如何去栽種植物。一位孩子的母親說，她在兒子的請求下，給了他一塊花園中的空地去栽種自己的東西。漢娜很興奮地看到她的一位學生，運用許多技能畫出一個連續性的故事腳本：

唐妮畫了一個圓盤，一個太陽的圓盤，它變得愈來愈

近、愈來愈近，愈來愈大、愈來愈大，也從左邊移動到了
右邊，並且（她把它畫得）非常的完美，看起來幾乎像是
一個漫畫製作。她喜歡「我的溫柔小燈」（This Little Light
of Mine）這個故事，所以她為它畫了一個栩栩如生的腳
本。而且她知道如何去做出一個有意義的連續鏡頭，這些
是非常複雜的工作。

　　我們也看到了在完成一件工作的激勵下，學生也同時學到「基
本的技能」。例如，形狀的認識和直尺的使用，是在製作建築物模
型中獲得的，口頭和書寫的語文技能，是在分享時間中和學習反思
單中獲得的，另外，社會技能，像是合作和分享的能力，則是透過
小組工作而獲得的。比較不屬於一般性的技能，也會在進行某領域
的方案中出現，像是基本裁縫和繪畫。

　◆將學校與真實的世界連結起來
　　教師們覺得合作的課程幫助學生理解外在的廣大世界，並且能
夠連結自己的經驗。史提說：「它擴大了他們的眼界。」「它讓學
生對於自己的角色有更深入的了解。它擴大了他們對於社區的了解
……它擴大了他們對於城市和工作場所的了解，並且知道成人的角
色是如何扮演的。」甚至在整個學年中的大部分時間裡，都是與特
定的一位師傅共同工作的情況下，我們訪問了三十八位孩子，其中
半數的孩子在接受訪問時，都能夠知道其他小組的活動，有二十二
位孩子還能夠說出其他師傅的專業。
　　現在，針對我們在這一章中所提出的第一個問題，孩子們似乎
可以回答了。當問到孩子從他們的師傅那裡學到了什麼的時候，麥
克說：「人們必須去上某種學校，做某種工作，就像其他的人學習
如何做好一件工作一樣。他們都是在學校中學到的。他們有上大

學，我從瑞吉那裡知道這件事──他帶我們去他的大學。」

家長和教師的反應

孩子們對於課程和師傅的熱愛，以及他們的自我察覺，都讓家長對於合作的師傅方案給予絕對性的支持，並且如同羅索校長說的「顯著地提升了父母和學校間的關係」。羅索也指出，家長諮詢委員會、我們所提供的家長會議，以及我們努力讓家長參觀師傅小組的這些方法，使得家長與學校之間建立起一座溝通的橋樑。可以確定的是，當我們準備交棒時，父母會將這個方案持續地進行下去。

我們再一次發現，光譜對於教師們所造成的最深刻影響，是它像一面透視鏡，幫助教師將學生視為有能力學習和成長的個體。如同歐布蘭在她的期末訪談中所提到的：

> 我不再以相同的方法去看待孩子……它為我打開了眼界，我從未察覺到孩子本身除了數學、英文和閱讀之外的能力……我從未考慮過他們具有機械能力，或是肢體動作能力，或是音樂能力。

此外，校長說師傅合作方案說服了她，這些不同類型的能力是真正的智慧，而不是偽裝的。她說：「我曾經深信，除非孩子們表現出高度發展的邏輯數學和語文智慧的現象，否則他們就不是真的具有高度智慧的孩子。然而，現在我們所看到的實際情形，推翻了我的想法。」

教師們也注意到一件事情，那就是給予孩子時間去經驗不同的

概念和教材教具的重要性。他們想挪出更多的時間進行開放的、跨領域的課程。歐布蘭說，在看過了孩子被不同的活動所強烈地吸引，並且在其中表現出的專長之後，她決定要在教室中設置故事中心和組合中心。

對於教師們來說，在影響他們的教學和思考方面，特別重要的是對孩子所做的細膩觀察，而且這樣的觀察著重找出孩子擅長的或是有興趣的領域。史提和歐布蘭特別強調，要做到有意義的觀察之前，必須先有一個豐富的教室環境。這兩位教師都改變了他們的教室，去配合教學實務上的需要：他們設立了長久性的學習中心，找出空間來展示孩子的作品，以及改變教室的空間配置，讓合作式的小組活動可以在教室中進行。

師傅方案的挑戰

到目前為止，讀者們或許會問，有沒有什麼理由贊成不必去施行像這種合作式的師傅方案？基於這個方案所帶來的好處和學習的快樂，我們非常熱誠地鼓勵和支持類似的作法在其他學校進行。然而，這個方案當然有它的挑戰性，也不是沒有問題的。這個方案中最麻煩和複雜的部分之一，就是有三位師傅經常缺席。

有一位師傅持續五個星期沒有來，後來只好由一位光譜工作人員去代替他的位置。另一位師傅則持續缺席三次，導致好幾位孩子一直詢問他是否還會再回來。雖然有一些光譜工作成員和其他的師傅填補了缺席師傅的位置，但是我們並不像這些師傅具有其領域方面的實際經驗。此外，我們與其他師傅相比，是比較不「特殊」的，並且是學生們比較熟悉的面孔。而且即使我們代替師傅上課，也無法解決師傅沒有來學校指導他們的事實。

　　這些缺席的問題提醒了我們，實施這樣的方案時，師傅的承諾和責任感的重要性，並且他們也有義務必須確實出席。因此，很重要的是，要確實讓師傅們知道每週都要出席，但是最好不要用簽到的方式去檢查出勤的情況。當然，師傅方案也可以有不同的設計，以符合一些無法每週出席的人的情況，他們可以像是一位特別的訪客一樣，只做一次或是偶爾地來教室造訪。

　　這種方案的另一個挑戰是，師傅扮演的角色要偏重在領域專家，或是教師。我們預測到，要讓本身不是擔任教師工作的師傅，每週擔任一次教學的角色，確實不是一件容易的事，所以我們在施行的過程中，都一直有一套支持系統。師傅的訓練研習活動、每週的電話會談、活動和教學上的建議，都是支持的作法之一；我們特別著重幫助師傅設計和組織有意義的活動。不過，儘管如此，對一些師傅來說，每週要擔任一個小時的教師角色，還是很具挑戰性的。

　　師傅缺席和師傅扮演教師角色這兩個主要的問題，對於將來師傅訓練研習有相當多的啟示。我們以前的訓練研習中特別重視建立師傅小組的凝聚力、介紹梅森學校和學生，以及分享有關孩子的發展與行為方面的資訊。假如我們能夠重新做一次，我們將會把有關每週出席的協議訂得更正式，甚至還會透過書面的協定，並且，我們會在每次的研習中也有教學方面的內容。

　　就像每一位優秀的教師所知道的，沒有人能夠一走進一間教室，就能夠有很好的教學。我們並不知道到底需要多久的時間，才會對師傅們有幫助，然而，我們知道如果能再多投入一些心血，將能夠幫助師傅們更充分地準備好去教導幼兒。

　　總之，這種師傅方案，需要有一組勇於付出的成人：師傅們、教師們，另外，我們也建議還要有一位協調者。光譜研究員為師傅方案扮演了支持者和協調者的角色，對於師傅方案的課程來說非常

重要。從尋找、審核、訓練和支持師傅，負責學校和社區彼此間的
聯繫，安排實地參觀，和協助特殊的事件等，都是相當費時的工
作。一位專任的課程協調者，對於任何方案的執行，例如師傅方
案，是不可缺少的角色。

最棒的夥伴關係

曾經在師傅方案貢獻他們的精神和心智的人——師傅、教師、
家長、光譜研究員，以及參與這種課程的孩子——都在這一學年結
束的時候，一起分享並慶祝他們的成就。每個師傅小組都覺得很有
信心，但有時也有些羞怯地和同學們分享他們在過去幾週中，新學
到的知識和創作的作品。

傑克森的小組利用自己製造的相機所拍攝出來的照片，發表他
們的創作。他們談到了在掌握照相的技能和藝術成分兩者之間，所
曾經付出的努力和面對的考驗。瑞德的小組利用鑰匙做成的諧音
鐘，和其他自製的樂器，表演一套兼具歌曲和舞蹈的節目。視覺藝
術家小組在他們製作的影片中，展現出了兒童的舞蹈、歌曲、視覺
藝術，和攝製技術的能力。

運動家小組分享了一捲錄影帶，其中呈現的是他們所設計，並
且成功地在兩個班級中進行的「迷你奧林匹克競賽」。都市計畫學
者的小組做出了他們所喜愛的地方的模型，包括藝術博物館／學
校、教室、師傅的辦公室和馬戲團，同時他們也學到了比例尺、設
計和建築上的問題。

我們回想在師傅方案之前，曾經訪問孩子們，許多孩子說他們
以後要成為消防隊員、警察，甚至是超人。現在孩子心目中想成為
的角色是：攝影家、影片製片人和設計家。

凱西說她想要成為一位影片製片人，「因為你可以製作各種影片，如果你到學校去時，可以讓孩子們使用錄影機」。喬伊說他想要成為一位攝影師，因為「你可以去拍岩石和院子的照片，並且不需要擔心它們會沖洗不出來，因為你會知道該如何處理」。都市計畫學者小組中的成員約翰說，他想要成為一位藝術家，他的媽媽說：

> 他喜歡藝術和設計的工作。他將教室的模型帶回家，
> 解釋他為什麼會用這種方法去設計它，並談論有關他的師
> 傅、他們所使用的工具，以及有關他們的實地參觀……等。
> 他已經能夠對職業和工作，抱持著一些不同於其他孩子的
> 看法。

我們對於孩子們在事業目標上的改變感到高興，但並不是因為他們改變了原來想要成為的角色，而想成為攝影師、音樂家和都市計畫者。我們之所以感到高興，是因為孩子們顯然已經了解和體驗到對於他們本身來說，非常切實的發展前途，而不是一些來自於電視的模糊的、不真實的角色刻板印象。學生們有了師傅的友誼和支持，並且使用了職業上所需用到的真實工具去工作，使得他們認清了自己的能力和興趣，知道這些專門技能能夠使他們像成人一樣，對於世界有真實和重要的貢獻。

如今，在師傅方案最後的階段中，我們想要達到的「連結」關係已經可以清楚地形成了：孩子和師傅之間的連結，學校和社區之間的連結。對於孩子們來說，這些連結也存在於他們自己，他們所喜歡的某些事物和某些人，以及學校圍牆之外的生活中。

師傅方案是光譜研究計畫中最後一個階段，這個方案為計畫畫下生動的休止符。並不是所有的問題都解決了，也並不是完成了所

有關於光譜取向的應用和理解。然而，作為一種組織，零方案已經進入了一種新的方向，朝向與整個學校和學區進行。為了發展我們對於教學的理解和教室實務，我們無法只是在孤立的狀況下，與個別的老師在個別的教室中工作。這正代表了，我們正在使光譜和多元智慧理論踏出象牙塔，在學校改革中，與其他重要概念相結合。我們在光譜中所學到的經驗，成了我們帶到下一項合作中的重要參考。我們新的一項合作方案是「真實教導、學習和評量社群」方案（Communities for Authentic Teaching, Learning, and Assessment for all Students, ATLAS），嘗試去設計從幼稚園一直到高中程度的示範學校課程。

很幸運的，雖然零方案已經退居幕後，但是光譜的工作還是繼續向前走。如今，許多在教學現場工作的人，已經開始採用光譜的精神，去提出問題，並且尋找答案。

 參考資料

Abell Foundation, Inc. (1989a). *Mentoring manual: A guide to program development and implementation.* Author: Baltimore, MD.

Abell Foundation, Inc. (1989b). *The two of us: A handbook for mentors.* Author: Baltimore, MD.

Comer, J. P. (1980). *School power.* New York: Free Press.

Damon, W. (1990). Reconciling the literacies of generations. *Daedalus, 119*(2), 115–140.

Gardner, H. (1991). *The unschooled mind.* New York: Basic Books.

Gray, J., & Viens, J. (1994, Winter). The theory of multiple intelligences: Understanding cognitive diversity in school. In *National Forum, 74*(1), 22–25.

Heath, S. B. (1983). *Ways with words.* New York: Cambridge University Press.

Jacobs, H. H. (1989). *Interdisciplinary curriculum design: Design and implementation.* Alexandria, VA: Association for Supervision and Curriculum Development.

Katz, L., & Chard, S. (1989). *Engaging children's minds: The project approach.* Norwood, NJ: Ablex.

Kozol, J. (1991). *Savage inequalities.* New York: Crown.

Zimilies, H. (1987). The Bank Street approach. In J. L. Roopnarine & E. Johnson (Eds.), *Approaches to early childhood education.* (pp. 163–178). Columbus, OH: Merrill.

第六章

光譜的多元風貌

麻州葛羅斯特市（Gloucester）的小學教師們，修改了他們的課程，幫助孩子們在不同學科中，解決開放性的問題，成為獨立的學習者。馬里蘭州的蒙哥馬利郡（Montgomery County），一所托兒所到小學二年級的學校，許多學生來自於不同的文化背景，他們決定採用新的觀點來定義資優和天才，擅長非語言技巧方面的孩子也能夠被認為是資優的人。在長島的修爾漢威汀河市（Shoreham-Wading River），有一所從幼稚園到小學一年級的學校，他們的教師透過找出孩子的專長，並且利用這些專長去改進孩子的學習，重拾對學業成就低落學生的尊重。在華盛頓州的西雅圖市郊，有一位擔任三到五年級混齡班級的教師，整合各種智慧到他的課程計畫中，使得學生重燃起對學習的熱情。

以上是一些教師和教育行政主管人員將光譜計畫的方式應用到學校或是教室中的幾個例子。但是這些努力，與我們先前在一些章節中所討論過的方案不一樣，他們並不是原來光譜計畫中預定要進行的。相反的，他們是在教學現場的實務工作者，在聽到或是閱讀了有關光譜計畫的研究後，僅從光譜計畫工作人員那裡得到一些建議，就開始改變他們的教學。

從我們所接收到的問題，以及在各種會議與學校的參觀中所得到的消息來看，我們估計在全美國中，大約有超過兩百所學校，試圖將多元智慧理論和光譜的模式應用到教學中（Harvard Project Zero, 1995）。這些學校都不是光譜計畫的實驗學校；他們是來自於公、私立的學校和老師，和全美國數以千計的學校與教師一樣，有著類似的夢想和疑問。他們在應用光譜模式時，各有其不同的方法。

目前，零方案正設法擴展對每個學校的協助。我們發展了一個以網際網路為基礎的網絡讓大家加入，提供簡訊以及公開的互動討論，讓教育者能夠分享想法、學習，和相關的主題。我們也從全國

的學校中，收集了一些資料，以找出有效應用多元智慧理論的教學實務。

在這一章中，我們將討論四個教學現場，以及他們所使用的不同方法，將光譜計畫的概念應用到特殊的問題中，或是去豐富他們的課程。我們將以他們的經驗，初步歸納出最有助於光譜計畫成功實施的一些因素。

✳ ✳ ✳ ✳

布魯斯・坎伯：
改造課程以幫助所有的孩子成功
✳ ✳ ✳ ✳

一般說來，我們相信在一種合作的方式下應用光譜取向時，成效會最好——由學校中的一群教師合作，或由整個學校，或者在未來我們希望是整個學校系統齊力來進行。但是也有一些例子是以個人之力，在學生的學習上形成顯著的影響。這些人中有一位是身兼教師與顧問角色的布魯斯・坎伯（Bruce Campbell），他在華盛頓州西雅圖市郊的瑪麗斯弗爾學區（Marysville School District）中，運用多元智慧理論改革三到五年級混齡班原來的課程方式。他說，如果能夠結合同事的力量，或許改變會更容易和更徹底一些。但是在當時，他學校中的校長以及其他教職員們對於新的方式並不感興趣，而他也實在不可能等他們改變想法。

學習中心和方案教學

坎伯在一九八〇年中期閱讀到迦納的 *Frames of Mind* 一書，並且在紐約泰利鎮（Tarrytown）的一場會議中，聽到迦納的演講。迦納的話在他心中迴盪不已。坎伯心想，或許他班上最沒有反應的學生，並不是分心、頑固，或有學習障礙，他們只是需要以不同的方式去學習。

坎伯說：「星期四的晚上，當我坐在床上時，我眼前湧現了七種不同的學習中心在我的班級中。」「隔天我和我的學生以及校長討論，並且在那個週末，我跑去學校，重新佈置我的教室。星期一早上開始我的第一步。」

坎伯仍然保留他原來所進行的主題教學方式，但是設法以七種智慧的不同方法呈現每個主要概念。他每天先利用十五分鐘的時間去說明要學習的主要概念，然後學生們以小組的方式一起學習（小組的成員組合會維持大約一個月的時間），有二到三小時的時間分別到七種不同的學習中心進行學習活動，從許多不同的切入點來學習課程中的內容。

舉例來說，在光合作用的單元中，學生們會去讀或是寫一篇關於光合作用的文章（語文智慧）；使用水彩去描繪光合作用的過程（視覺智慧）；創作一首歌謠去代表有關光合作用的步驟（音樂智慧）；設計出光合作用步驟的表格或是時間流程圖（數學智慧）；用舞蹈或是一組連續的動作去代表光合作用（肢體動作）；在小組裡討論光合作用中葉綠素的角色（人際智慧），並且寫一篇短文回想自己生命過程中類似的經驗（內省智慧）（Campbell, Campbell, & Dickinson, 1996）。最後，學生們會聚集在一起分享歌曲、舞蹈、

模型，或是其他由他們所做出來的作品。

坎伯說：「最初，我只是在做一些簡單的活動，這些活動是孩子得親自做的、互動的，並且有趣的，但不敢說是絕對必要的。」過了一陣子之後，他已經能夠發展出一些提升學生對於課程主題了解的學習活動。舉例來說，當孩子在畫一張蚱蜢的圖解時，坎伯會要求學生去想想看，蚱蜢的嘴巴與腳的形狀，和吃的食物、走路的方式有何關聯。

在坎伯的教室中，學生有一整個下午的時間去從事各種方案；他們有自主權去選擇主題和表現的方式（戲劇、模型、遊戲、歌曲、故事……等）。他們花三到四週的時間做這個方案研究，準備將結果報告給全班聽。這種公開發表的方式，是這個方案中非常重要的一部分，因為它要求學生們表現出對於主題的了解，讓學生感受到方案研究工作的重要性，並且在工作進行中發展出他們所需要的社會和語文技能。

坎伯解釋說：「學習中心是建構化的、老師主導的，而方案是以學生為中心、自我指導以及開放的。」「學生為他們自己做選擇，所以他們的動機很強。我看見他們在擅長的領域中工作，並且使用在學習中心裡所獲得的技能。」

社會互動上的改變

藉由協助學生們發展出自己的學習策略，坎伯已經能有效幫助那些可能會被調出教室去接受特殊教育的學生。他說，藉由尊重和找出學生擅長的領域，教師也能夠改變同儕對這些孩子的看法。多元智慧提供一種方法去改組教室中的社會體系，讓不同的孩子能夠出人頭地，而不是只有具備語文和數學技能長處的孩子，能夠感受

到自己像是一位高成就者。在進行一些需要有海報、圖表、小喜劇、歌曲、模型,和其他形式表現的小組共作的方案之後,具有音樂、藝術和談判能力的孩子都一一被發掘出來,並且受到同學的肯定。

坎伯提及一個關於李察的故事——他是一個接受特殊教育的三年級學生,幾乎不會閱讀。有一天,有個學生慌張地跑去找坎伯,並且要他去音樂學習中心。那時李察正指揮他的同學們,表演一首他剛做出來的樂曲,這首作品非常複雜,甚至連他的教師都無法創作出來。從此之後,李察每天都顯露出他的音樂天賦,他是一位從未被他的父母或是教師注意到的音樂天才。他開始結交朋友,並且在那一年結束時,組成了自己的樂隊。

坎伯在一整個月中持續觀察李察的表現,他通常一面閱讀書籍,一面用腳打節拍,並且搖擺身體。促成李察進步的可能原因有:信心的增強和自尊的提升、教師對他有較高的期待、被同學接納的感覺讓李察願意去做一些挑戰,或者只是單純的意外而已。但是坎伯認為是另一個原因:李察知道如何去使用他的專長——他對於節奏的敏感度——去學習另一個困難的領域。

毫無疑問的,多元智慧理論已經幫助坎伯以一種新的觀點去看待像李察這樣的孩子。他說:「我認為每個人在學校中都能夠成功,並且表現出學業上的進步。」坎伯甚至在《幼兒教育》(*Childhood Education*)上的一篇文章中提出(Campbell, 1992),他所教的每一位學生,在他的多元智慧理論課程中的頭四年間,都能夠被找出他們的成功領域。

坎伯也提出了其他令人欣喜的學習成果。有一些以前被視為行為有問題的學生,在學校的頭六個星期中,就表現出了快速的進步,開始對自己的團體有所貢獻,並且在學年結束時變成了班上的

領導人物。學生為他們自己的學習承擔了更多的責任，在學習中心的時段中，扮演合作團體的成員，並且自動自發地進行個人的研究計畫。有一些學生說他們第一次覺得上學很有趣。他們的學業成就也可以從課堂上的評量和標準化測驗的測量中看到進步，例如，他們在一九八八至八九年接受了加州成就測驗（California Achievement Test；CAT），所得到的分數，在所有的領域方面都高於全加州的平均標準（Campbell, 1992）。當坎伯的班級每年在加州成就測驗分數方面都保持高於平均標準以上時，原本抱持著懷疑態度的校長也變成坎伯最有力的支持者了。

除此之外，應用多元智慧理論也讓坎伯在自己的教學方面有顯著的成長。當學生變得更投入在發現的過程中，以及對他們探索的主題變得更喜歡發表時，他看見自己的角色從學生的指導者變成了協助者。特別是在頭幾年中，坎伯發現到，要規畫他過去沒教過的學科活動，真的是極具挑戰性。因此他開始去找一些在藝術、音樂和體育方面有專長的人來幫忙。當整個學校支持多元智慧取向時，此種協同合作就自然地產生，並對教師和學生而言都非常有幫助。

坎伯花了多年的時間不斷地改進自己的方法，以建立一個多元智慧的教室。他也在這方面出版了一些書和錄影帶，並且在自己的學區和其他的學區中，擔任顧問。他喜歡將七種智慧融入在每一堂課程中，並且確定他所提供的教材教具，能適合班上每一位學生學習。此外，他要求學生用不同的智慧去完成一種活動，迫使學生將所學的資訊應用到新的情境中，這種過程能夠加深他們對於某一主題的了解。

然而，我們要一再強調的重要觀念是：多元智慧融入教學的目的不是為了理論本身，而是為了促進教育目標的實現。坎伯和索瑪維爾市所採用的學習中心方式，只是光譜或是多元智慧理論中的一

種。舉例來說，在零方案中，研究人員深感興趣的是，應用多元智慧理論幫助學生深入理解重要概念（Gardner，出版中）。在高中的課程裡，主題可以是「進化」或是「屠殺」等；而在小學的程度裡，主題可以是「社區」或是「水的循環」等。當學生可以從不同的角度來了解主題，以及用不同的方式呈現他們的理解，而非只是應付每天的進度時，我們就可以說，多元智慧應用到課程中了。

　　在下面的章節中，我們提出一些以主題或是方案的方式，將多元智慧理論應用到實際場所中的例子。我們也會看到，當教師們跨越年級，或甚至是全校一同合作時所產生的效果。

✳　✳　✳　✳

福爾學校：新的評量帶動課程的改變

✳　✳　✳　✳

　　在麻州葛羅斯特市的福爾學校（Fuller School），教師自願參與一個運用多元智慧理論的新計畫──「學校中的學校」（school within a school）。福爾學校是一所從幼兒園到小學五年級的學校，其中，設有一班自足式特殊教育班級，有十位重度心智或生理障礙的學生。整個學校大約有七十位教師，以及二十位輔助性質的專業人員，為大約八百名的學生提供服務。

　　位於波士頓北方大約四十五分鐘車程的葛羅斯特市，是一個如畫般美麗的海港社區，近年來聯邦制定捕釣魚類的法令，以保護過度捕撈瀕臨絕種的魚類，致使該市受到一些衝擊。該市居民主要由律師、醫師、教師、在當地魚產品加工廠工作的漁夫，以及工人所組成。在福爾學校中的許多孩子來自於貧窮的家庭。雖然幾乎所有的學生都是白種人，但是他們多為外來的不同種族──大多數家庭

的第一代是來自於葡萄牙和西西里島的移民，在家中使用英語以外的語言（在這個鎮上 8%的學生將英語當作是第二種語言）。

　　福爾學校之所以會採用多元智慧／光譜取向，主要是由於前任學區督學威廉‧黎里（William Leary）的關係。黎里博士在一九八〇年代晚期開始對多元智慧感到興趣，因為它提供了一個理論架構去支持他的信念——所有的孩子都能夠有所成就，教育應該提供學生機會去追求他們的興趣，以及充分發展他們的天賦。福爾學校因為學校教職員的素質，以及當時的校長依卡（Ron Eckel）的熱忱，而被選中進行課程實驗。就像黎里博士一樣，許多福爾學校的教師和行政人員都覺得，多元智慧理論和他們既有的信念與教學有共通之處。

評量對課程和學生的影響

　　福爾學校首先在幼兒園實施試驗性質的多元智慧課程，由三位幼兒園教師和兩位特殊教育教師組成小組，開始發展應用光譜評量的方法。在一九九〇年代早期，這個小組的成員參加了一個為期兩天的光譜計畫研習會，學習使用修訂版的光譜領域量表（Modified Spectrum Field Inventory；MSPFI）。修訂版的光譜領域量表是艾略特—皮爾森兒童學校（在第二章中描述過）所使用過的光譜評量工具的簡單版本，它的目的是為了要試著測量幼兒園以及一年級學生的多元認知能力，而不是托兒所的孩子。

　　在九月做完評量之後，評量的過程的確幫助了多元智慧小組成員對於每位孩子有了更詳盡、完整的了解。但是根據一位幼兒園教師所說，它也喚起了一個重要的問題：「為什麼當一些孩子被要求去回答一個開放性的問題，或是解決一個問題時，會感到害怕呢？」

經過了一系列的討論後，小組成員認為，孩子的情況反映出了現有
課程中的缺失。另外一位教師說：「我們的課程從未要求孩子去解
決任何真正和生活相關的問題。」「我們的課程只是要孩子按照我
們的指示，用固定的方式做事。如果我們不去改變課程，將無法看
到孩子會有所改變。」

　　接下來的幾年，教師們持續以多元智慧理論作為核心，致力於
課程發展──設計、應用、修訂，以及再嘗試。在多年的實驗之
後，福爾學校的多元智慧教師下了一個結論，那就是光譜課程必須
具有以下的三種特徵：⑴它涵蓋許多領域的學習，並且在對孩子有
意義的情境中教導基本的技能；⑵它著重於學習的過程，以活動為
主，以不同的方式實施，或者結合不同的教育策略，例如主題單元
（thematic units）、方案（projects）和學習中心（learning centers）；
以及⑶它用許多不同的方法評量孩子在各種領域方面的理解程度，
和做出來的成品。

　　這所學校中的多元智慧教師，不僅是在課程方面，而是幾乎在
所有的教學實務層面上──從教室組織到評量的策略方面（參見表
6.1），都有新的風貌。舉例來說，在幼兒園中，三位教師一同努力
計畫能夠運用所有不同智慧的主題單元。他們用協同合作的方式進
行教學，每一位教師負責用兩種智慧來呈現單元內容，而語文智慧
每次都會包含在內。孩子們每週有兩天，各花半個小時的時間去另
外兩位教師的教室上課。

　　在一個有關選舉的單元中，一位教師讓孩子替想像中的候選人
（狐狸、海狸和熊）做競選歌曲，從中去學習有關政治的過程；另
一位教師則鼓勵孩子去製作競選海報與候選人塑像。孩子們也決定
了競選的口號、標語、演講和活動，這些活動讓孩子們學到不同動
物的特性，同時他們也有機會磨練語文技能。當孩子們為候選人開

票計票後，他們將其當作是一個數學習題，將結果做成圖表。

表 6.1　多元智慧教師的成長之路

摘自 Fuller School.（1994）.*What's a Natural Course for MI Teachers.* Gloucester, MA：Gloucester Public Schools. 1994 Multiple Intelligences Program, Gloucester Public schools.

步驟一　學生參與教師主導的活動。這些活動可以先採用以前熟知的方法和教學原理，例如：全語文（Whole Language）、獲勝法（Won Way）、過程寫作（Writing Process）、數學運算方法（Math Their Way）、整合數學與科學的教學活動（AIMS），以及其他已有的數學和閱讀系列書籍，包括達克羅斯（Dalcroze）和奧福（Orff）系列。

步驟二　教師們開始比較少從學習零散能力的角度去看學習過程，而將其看成是一種發展的連續過程。概念被整合入學習活動中，並且根據步驟一所建議的一些方法，去配合學習者不同的需要。

步驟三　教師們開始運用多元智慧理論來規畫學習，通常會強調全班是共同學習的團體，進行合作學習。教師們之間開始互相分享意見，並且根據不同的專長和教學風格來進行協同教學。這個步驟適用於科任教師和帶班教師。

步驟四　教師們開始使用照片、日記、錄影帶、檔案、錄音帶，以及調查報告記錄多元智慧的學習活動。當教師們看到學生以不同的智慧來學習時，會體驗到那種令人感到驚喜的剎那。教師們通常會與同事們分享這種愈來愈常出現的驚喜，並重視每位孩子以不同智慧表現出的獨特學習過程。

步驟五　學習變得更能夠以學生為中心。教師們協助孩子變得更自動自發。學生們更了解自己的學習過程，並且能夠體會到自己在多元智慧領域中獨特亮眼的表現。教師們更積極地採用適合孩子們發展水準的標準和課程。

（續下表）

（承上表）

步驟六	教師們對於多元的學習方式和評量策略方面，有了進一步的深入了解。教師擴展了記錄學生成長的方法，納入個別化的評量。這方面通常是先從某一個智慧領域著手改變，並且得到專家和其他同事的合作支持。這是一種互惠的過程，專家現在也可以仰賴現場教學教師提供學生成長記錄文件和評量資料。
步驟七	教師經由參與小組或是團體的活動，在多元智慧計畫做決定的過程裡，開始擔任更積極的角色。這種情況可能會出現在上述不同的時期中。

　　福爾學校的教師們像坎伯一樣，設法去發現一些方法，幫助孩子為自己的學習負責。當一個新單元開始的時候，他們通常會要求學生提出一些能夠使用多元智慧去探索的主題。這個過程不僅使課程對於學生而言變得更有意義，並且也讓教師知道孩子在正式學習開始之前，已經對該主題了解了多少。在一次學校訪視的機會中，光譜工作人員就看到了一、二年級的學生一起在小組中腦力激盪，想出一些有關於友誼單元的活動。

　　就像是評量學生能力的新方法會引起課程改革一樣，課程的改變也促使教師們去思索如何評量學生們學習的成果。經由零方案中的研究員席德（Steven Seidel）的幫助，葛羅斯特的教師們發展出了一種方式，幫助學生們仔細地思考他們的學習成果（Fuller School, 1996）。

　　福爾學校出版了一本有關多元智慧課程的書籍，名為《實作》（Hands on），在書中，五年級老師派克（Cherylann Parker）提供了一個評量的實例（Parker, 1995）。她的班級完成了社會課程中「南北戰爭」的研究。在兩位學生瑪格麗特和愛麗西亞表演完他們創作的一首詩和一支舞蹈後，一位擔任促進者（facilitator）的學生請他們用全班發展出來的問題反省他們的工作成果。他詢問的問題

有：「這個計畫中最簡單的部分是什麼？為什麼？」「哪些部分是最困難的？為什麼？」「你在這個計畫中最引以為傲的部分是什麼？為什麼？」「你認為你在哪些部分還有改進的空間？」「下一次你會做些什麼，以確定會做出一個更好的計畫？」

然後這個扮演促進者的學生會向同班同學發問，請同學們找出此工作中最成功的部分，並且提出建設性的建議以供改進。為了回答這些問題和評量彼此的計畫，學生們必須仔細地思考如何做出「優質」工作的方法。

福爾學校的教師們不斷地研發了解學生擅長領域的評量方法。他們致力尋找一些更能夠了解孩子學習情況的工具，包括孩子們在不同學習領域中投入的程度、興趣，以及學到哪些知識和技能。目前他們發展出了一種多元智慧的成績報告單，建立學生的學習檔案和評量指標，並且鼓勵學生進行上面所舉例的合作評量方式。這些工具除了反映出學生個人的成就外，也為後繼的課程目標，以及評量教師的教學方法，提供了有用的資訊。

合作和反省：成功的關鍵

運用光譜計畫的教學取向和其他任何改革一樣，都是一個充滿了曲折和變化的未知歷程。福爾學校的故事也不例外。當多元智慧的教師努力去改變和促進他們的課程內容與教學策略時，這個課程吸引了大眾的注意力。報社記者、電視攝影人員，以及從美國各地前來的訪客，充斥在校園中。

多元智慧課程所得到的關注，雖然令人感到歡喜，但也造成了學校中多元智慧和非多元智慧教師間的緊張狀況。除了在幼兒園外，每一個年級都有實施多元智慧教學的班級和尚未實施的班級

（在一九九七年七月，所有一年級的工作人員都自願加入多元智慧的小組）。一位非多元智慧小組的教師說出她的不安：「當然，他們『多元智慧的教師』是特別的。」「你看那些來這裡參觀的人潮。他們從我的班級前面經過，但是將鏡頭對著隔壁多元智慧的班級，好像我的學生不該得到注意，我的學生做的東西不值得受到讚賞一樣。」也有其他老師似乎不了解多元智慧計畫，以及它如何提供不同的方法去幫助學生學會必要的技能。一位教師說：「這只是另一種流行而已。」「誰有時間去做那個？我的班上都是得先學會ABC 的一年級學生。」

此外，人員的流動，對福爾學校的多元智慧計畫帶來另一種嚴苛的挑戰。在多元智慧計畫進行三年之後，學區督學、學校校長和副校長都在一九九三年離開了。這些主管的離開造成了特殊的影響，因為自從多元智慧計畫開始以來，他們都是最強而有力的支持者。同時福爾學校的多元智慧小組成員每年也有變動：在一年中，十四個班級裡可能會出現四位新的教師。雖然新任的教職員帶來了一些新穎想法，但是他們也需要大量的訓練和學習，以熟悉計畫的理念，並且在應用它時能夠感到心安。這樣的訓練和學習花費了許多時間，並且減慢了多元智慧計畫的進展。

福爾學校的多元智慧小組如何面對挑戰，解決無法避免的難題呢？前任的多元智慧課程主任、目前擔任費城地區一所中學的音樂教師與教育顧問的布倫斯（Bill Bruns）說：「我們有一個很有用的辦法，那就是所有的成員不斷地討論、反省和合作。」福爾學校的教師們了解自己是最早採取多元智慧／光譜取向，以及發展所需的相關策略和方法的人，因此，他們利用開會的時間（例如：一週一次的學年會議、專題討論會議，以及每年一次的課程檢討會）集思廣益，並且創造出最適合未來福爾學校遠景的模式。每週的教職員

因材施教

會議不僅提供了有效教學策略和課程概念的研習，也同樣提供了一種安全的環境，讓教師們能夠挑戰、實驗不同的方法，並且評論他們自己和同事的作法。

在一九九八年之前，多元智慧課程已經在福爾學校中實行了八年。就讀於這個課程方案的人數，從初期的三位幼兒園教師和大約七十位的孩子，到現在成長為四百位左右的孩子——從幼兒園到小學五年級的十六個班級中，佔了大約學生人數的一半。當光譜計畫的研究人員訪問該校時，他們的談話中充分展現出對於多元智慧課程的熱情：

- 「老師們不是將資料丟到你的桌上，指使你去做某件事，而是採用遊戲和方案的方式，讓人想去學更多東西。」
- 「我們仔細思考很多事情。我們不斷思考，好像我們要設計的是一項有趣的遊戲一樣。」
- 「我們有許多夥伴。我們在計畫中互相幫忙。」
- 「假如有一些孩子在他們的工作上遇到了困難，我們會和他們一起做，所以沒有任何人會被丟在後頭。」
- 「我們學到從工作中找出趣味。」

近來學校的管理部門對於參與多元智慧課程的家長，進行了一項調查，結果顯示，家長們壓倒性地支持這個課程，並且希望它繼續下去（Fuller School, 1995b）。在這些回應的家長中，92%都表示他們的孩子在這一年中學習狀況良好；96%的家長說他們的孩子很喜歡這個課程；82%的家長說他們的孩子學到了該年級必要的技能；最後，80%的家長說自從孩子進入了多元智慧課程後，已經發展出較好的問題解決能力了。

儘管學生學習的熱忱增加了，但是福爾學校中參與多元智慧課程的學生，在這種課程進行的頭一年期間，在標準化測驗的成績方面並沒有顯著地高於未參與多元智慧課程的學生。這種結果對於福爾學校多元智慧成員來說，並不感到訝異，因為標準化測驗並不是被設計用來測量多元智慧取向學習方面的成果，例如：自信、合作、自我表達、批判與創造性的思考。為了探討多元智慧計畫的長期影響，葛羅斯特的教育主管人員已著手計畫，進行追蹤研究就讀中學的第一批多元智慧的學生的學業成就。

＊　＊　＊　＊

蒙哥馬利郡的諾爾小學：
多元化的資優教育

＊　＊　＊　＊

蒙哥馬利郡的諾爾小學（Montgomery Knolls Elementary School）位在馬里蘭州的銀泉市（Silver Spring），是一所包含幼兒班到小學二年級的學校，隸屬於蒙哥馬利郡公立學校系統。學校中針對各種不同學習困難的孩子提供「提早就學」（Head Start）和托兒所的課程，這所學校有將近三百八十位的學生，總共有二十六個班級，每班有一位教師，並且有二十位其他方面的行政人員。

這所學校的學生包括了來自低收入戶、中產階級和專業人員家庭的孩子。在一九九五至九六學年間，48%的學生享有免費或是餐費減免的社會福利補助，並且有 9%的學生不是以英文為母語。少數族群的孩子約佔 72%，其中 39%的學生是非洲裔美國人，19%是西班牙裔，13%是亞洲裔。

蒙哥馬利郡公立學校繼一九九○年之後，在一九九二年又得到

了賈維茲資賦優異和天才學生教育方案（Jacob K. Javits Gifted and Talented Students Education Program）三年的經費補助。這個教育方案的主要目的，是想找出無法透過傳統評量方法鑑定出來的資賦優異和天才學生，因為他們的專長可能因為貧窮、有限的英文能力或是發展的差異（有時被誤認為是學習障礙），而被掩蓋了。

因為諾爾小學採取進步主義的教學方式，包括以方案為主的教學、學習中心等，並且強調孩子的全人發展，所以根據賈維茲教育方案，蒙哥馬利郡當局提供給諾爾小學經費，發展「幼兒資賦優異課程模式」（Early Childhood Gifted Model Program）。諾爾小學後來選擇以多元智慧作為指導的理論，因為這個理論具有心理學和神經學方面的證據，證實孩子們具有不同方面的智慧。由於光譜計畫對不同領域的智慧評量提供了公平的工具，因此諾爾小學也選擇以光譜計畫的方式，作為應用的模式。

但是，和福爾學校中的多元智慧課程不一樣的是，諾爾小學的所有教師們，都被要求在班級教學中運用多元智慧／光譜的概念，此外，這種課程在全校的學生身上實施。雖然諾爾小學的教師們對於使用何種標準、在哪些領域，以及如何判定哪位學生是資賦優異，深感缺乏清楚的認識，但是，他們很想提供豐富的經驗給所有的學生，以及了解每一位學生所具備的不同長處和潛能。

資賦優異的新定義

諾爾小學教師的第一項挑戰問題就是，「如何定義資賦優異」。如同我們在本書第一章中所討論的，教育者傳統上將高智慧或是「資賦優異」與在 IQ 測驗上所得到的成績畫上等號，而這個成績只重視學生的語文和邏輯數學能力。事實上，在一九九○年代初

期，蒙哥馬利郡仍然使用標準化智力測驗來選取資賦優異的學生，根據測驗的結果，學生才有資格進入不同的特殊學校和課程中。

　　諾爾小學的教師擔心，有一些學生由於文化和語言的障礙，因而錯失接受資賦優異教育的機會。經過一番討論之後，教師們做了下面的決定：「文化價值觀和語言的差異，不會也不應該決定一個人是否資賦優異。事實上，它們會影響資賦優異的表現方式。我們必須尊敬、重視和肯定學生的文化和語言的不同，而且如果我們要這麼做，必須先有不同的評量策略，以找出多元的資賦優異。」

　　由於賈維茲基金會所提供的經費，諾爾小學雇用了兩位課程專家來設計和應用新的評量工具。這些課程專家熟知光譜計畫的內容，並且將這個模式應用到他們的工作中。一九九一年，在光譜研究人員的幫助下，他們在學校中進行了一系列的訓練研習。這些訓練對幼兒資賦優異課程模式產生了至少兩方面的影響：第一，觀察孩子在特定領域的表現，對於許多教師來說，變成了一種常態性的教學實務。幼兒園教師布爾曼（Karen Bulman）說：「現在我們會注意孩子們在特定領域方面的表現，而不是只用一些空泛的語詞說這個孩子是表現良好或是有問題的，並且我們發現孩子們通常在某一種領域中能夠表現得非常優秀，而在另一種領域中則表現平平，但在第三個領域方面表現較不佳。」針對特定的領域進行觀察，幫助教師更為了解學生的特殊長處和弱點。

　　第二，兩位課程專家運用了幾種光譜評量活動，例如：公車遊戲（其中涉及了一些心算活動）、組合活動（在第二章中介紹過，要求孩子拆組食物研磨機），和教室模型活動（這是一種社會理解活動，在活動中鼓勵孩子描述教室中的事件）──針對教師在個別觀察每位孩子時所產生的問題和疑點，加以回答和澄清。

　　此後，教師們開始將每天的事件看成是更加了解自己學生的機

會。舉例來說,先前擔任二年級教師的西爾頓(Carol Hylton)(目前擔任該郡教育改革計畫的教師訓練員)說,當削鉛筆機故障時,她把握這個機會,詢問學生中是否有人想修理削鉛筆機。結果,一個剛移民來美國、只會說一點英語,名叫查克的孩子,信心十足地接下這個任務,並且快速地修理好削鉛筆機。根據西爾頓的觀察,課程專家為查克做了光譜計畫中組合活動的評量,她和西爾頓都對查克在拆卸和重新組裝食物研磨機的能力深表訝異。她在一次教師會議中說:「我不敢相信一台老舊的食物研磨機,竟然能夠讓我對一個孩子有這麼多的了解!」

諾爾小學的教師們也修改使用了其他的光譜活動,以呼應各種學生的需要,進而對孩子的發展得到了許多深入的了解。一位二年級學生露波,在申請另一所學校的資賦優異課程時,在智力測驗中的數學部分並沒有得到高分。然而,在諾爾小學中,她在進行公車遊戲(西班牙語版)時,對於相當複雜的數學概念,卻顯現出了清楚的理解力。她雖然能夠使用兩種語言,但還無法完全精通英文。她的教師推測,是語文而不是數學理解的問題,阻礙了她在智力測驗方面的表現。因此在他們幫助她增進英文的能力後,她在隔年就進入了資賦優異班就讀。

另一位二年級學生伊蓮,在數學方面有一些困難,但是她具有繪畫、素描、組合,和優秀的社會技能。舉例來說,當課程中要求每位學生設計百納被圖案時,她會去協助其他人,甚至因此而對她自己的作品有些影響。然而,伊蓮都盡可能地給予同學支持和幫助,當然相對地,當她有需要時,也總是能夠得到別人的幫助。她也能夠敏銳地察覺到班上哪些人樂於助人;她在「教室模型」活動中的表現,證實她特別能夠了解她自己和別人。教師們將這個結果記錄在伊蓮的「觀察資料卡」中。這個資料卡是老師用來記載他們

觀察到的學生的重要事件，包括了他們與教材教具、人們的互動情形。這些觀察資料卡放在孩子的檔案中，在親師座談會和計畫課程時會被拿出來使用。

有趣的是，當教師們更熱中於關心學生的非語文能力時，他們也變得更積極地去幫助孩子們克服有關語文方面的問題。他們想讓孩子們在其他學校遇到沒有經驗辨別出非語文能力的教師時，能夠有所準備。舉例來說，具有音樂能力的孩子，也能夠具有溝通的能力，而能夠主動地告訴教師：「聽聽看我所編的旋律。」如果孩子能這樣做的話，比較容易展現出自己的優勢能力來。

諾爾小學的教師也把語文和每種多元智慧探索活動相互結合。舉例來說，在幼兒園裡，教師們在每次探索時段中，留出至少十五到二十五分鐘的時間，讓孩子們仔細地思考，以及談談一天中他們到底完成了什麼事情。在一、二年級中，孩子們經常用語文方式，分享他們的工作成果、回應老師的問題，或寫詩、日記，或是其他寫作活動。諾爾小學的教師下了很大功夫，幫助孩子們在非語文領域方面的學習，善用語言和書寫的形式，表達他們的想法、感覺或行動。

在情境中評量

自從諾爾小學的幼兒資賦優異課程模式在一九九○年初開始後，到目前已經超過八年了。現在，賈維茲經費補助已經結束，但是當初課程中的目標——找出並且強化孩子的不同專長，已經變成學校文化中的一部分。舉例來說，學校教師以七種智慧為基礎，發展出一份「鑑定學習優勢能力的觀察檢核表」（Observational Checklist for Identifying Learning Strengths）（參見表 6.2）。每位教師在每

因材施教

年的秋季和春季，為班上的每位孩子各做一次檢核表。在秋季所做的觀察主要是找出孩子的長處和弱點，並且提供課程規畫的參考；春季所進行的觀察則是用來評量孩子在一年中進步的情形，並且檢視孩子當下的多元智慧剖面圖。事實上，只要教師提供學生促進不同興趣和技能發展的教學，就會在一年中從學生們的多元智慧剖面圖上，看到他們的改變。

表 6.2　多元智慧觀察檢核表

資料來源：Montgomery Knolls Elementary School, Montgomery County Public Schools

兒童姓名＿＿＿＿＿＿　教師＿＿＿＿＿＿＿　年級＿＿＿＿＿

十一月第二個　五月結束
星期五之前　　之前

語文

1. 喜歡記憶詩、歌曲、故事
2. 開始和他人談論或討論有關於她／他自己的事情
3. 能夠以語言或書寫的方式流暢地表達出概念
4. 以不同的方法描述一件物體或是一種概念
5. 能以語言表達出事件的背景知識，以及事實性的資訊
6. 提出許多問題
7. 具有英語的語言能力，但在家中使用另一種語言
8. 喜歡閱讀書本
9. 使用較深入的字彙

邏輯／數學

1. 解決數學問題時，能夠清楚地說明自己的思考模式

（續下表）

（承上表）

_____	_____
_____	_____
_____	_____
_____	_____
_____	_____

2. 能夠用心算計算數字
3. 能採用一種策略以解決問題
4. 能夠有條理地描述或是規畫步驟與活動
5. 能夠將事物或圖片排列和歸類
6. 善於組合拼圖
7. 表現出電腦操作的技能
8. 對於事物的運作方式提出疑問

內省

1. 具有自發性動機____；
　 獨立的____；
　 有策略的____
2. 自信
3. 表達出自己的感受
4. 具有幽默感
5. 能夠自我解嘲
6. 堅持自己的信念
7. 勇於冒險
8. 集中注意力在主題或是工作上
9. 持續於自己所選擇的活動中
10. 選擇獨自一人工作
11. 承擔自己行為的責任
12. 能夠確實地了解自己的長處和弱點
13. 能夠從成功或失敗的經驗中學習
14. 在工作中表現出獨特的風格（有創造力的）

人際

1. 渴望參與團體活動
2. 喜歡非正式地去教導別人
3. 別人想成為他／她的同伴
4. 喜歡和其他孩子一起玩遊戲
5. 喜歡在一個合作的團體中工作
6. 幫忙解決衝突

（續下表）

（承上表）

肢體動作

1. 喜歡角色扮演活動
2. 喜歡拆組東西
3. 喜歡以觸覺探索事物的形狀，以了解事物
4. 喜歡肢體的活動
5. 能以戲劇化的方式表達自己
6. 表現出良好的精細動作協調性
7. 表現出良好的大肌肉動作協調性
8. 以身體詮釋故事、詩、歌曲

空間

1. 運用想像將物件組合成一件作品
2. 具有空間的理解能力
3. 能夠將事物拆開分解，並重新組合
4. 能夠將事物加以組織和歸類
5. 仔細地規畫空間的使用
6. 在藝術作品中表現出細膩的內容
7. 喜歡拼圖和迷宮遊戲
8. 善於從非文字的素材中了解意義

音樂

1. 將所聽到的旋律或是節奏重新演奏出來
2. 編寫出節奏、曲目或是旋律
3. 以熟悉的旋律創作出自己的歌詞
4. 能夠用樂器奏出合宜的節拍
5. 唱歌時能夠抓準音調
6. 在獨自活動時會哼唱旋律
7. 嘗試用不同的物體製造出不同的聲音
8. 將環境中的聲音轉換成音樂的聲音或曲子
9. 透過音樂的方式，學習基本的概念

評論

　　教師在課堂活動時觀察學生，是評量的最基本方法，此外，孩子也可以參與評量的過程。舉例來說，教師讓學生填寫一份問卷，要求孩子對自己做評價，看他們比較喜歡做，或是比較擅長於什麼樣的活動。在幼兒園中，孩子們使用四種等級去評量（「總是」、「大部分的時間是」、「有些時候是」、「從來沒有」），在二十二個題目中評量自己，例如：「我和其他人分享我的感覺和想法」、「我喜歡自己一個人做事」，以及「我喜歡在團體中工作」。這些資料不僅幫助教師設計課程，也為教師和學生之間的個別談話提供起點。在個別談話時，教師會描述在這一年裡，孩子們的長處和進步的領域。教師也鼓勵孩子們對於教師的看法提供自己的補充意見，或是表示不同意。這樣可以鼓勵孩子不將評量視為一種評判，而是將其當作學習過程的一部分。

　　和葛羅斯特學校的教師一樣，諾爾小學的教師也嘗試使用檔案評量的方法，以呈現孩子們在學習上的不同表現方式。有些教師使用錄音和錄影的方式，記錄學生的特殊長處或弱點；有些教師則收集學生的繪畫和寫作作品來補充課堂的觀察，並且將這些東西作為孩子成長的長期證據。這樣的收集和貯存作品的過程，讓孩子們看到了作品的重要性；由於作品的保留，而不是扔掉，教師和學生能夠重複檢視這些作品，進一步了解孩子對於自己的看法，和對某學科的看法（Krechevsky & Seidel, 1998）。

　　在賈維茲基金會經費的支持下，諾爾小學開始實施檔案評量的方法，後來就成為閱讀和語文課程中的一部分。這所學校對於檔案的收集發展出自己的原則（參見表 6.3）。孩子的作品從不同的來源被收集，包括孩子自己的選擇、教師的建議，以及在該年級必須學會的項目。在諾爾小學，孩子的檔案會隨著孩子升到不同的年級，移交給下一個教師，並且，有時候會轉交給孩子繼續就讀的下

一所學校。

表 6.3　建立學生成長檔案的原則

資料來源：Montgomery Knolls Elementary School, Montgomery County Public Schools

---

幼兒園的檔案

by Karen Bulman, Lori Skilnick, Mary Margaret Landers, and Letitia Worthington

☑多元智慧檢核表

☑一年至少收集三次的自我剖面圖（九月、一月、六月）

☑一年中至少收集三次書寫的樣本

☑學生學習成果表（技能檢核表）

☑在幼兒園的新生說明會中家長問卷的結果

☑著色／剪貼作品，一年至少三次

☑照片

☑其他可以表現出學生的進步和長處的資料

☑數學方面的資料，包括各種學習單（根據政府公佈的數學目標，學生做完實作活動後所書寫的學習單）

☑假如有助理教師的話，教師可以個別晤談孩子，一起做出個人資料卡、設定目標，以及成長檔案資料。

------------ **一年級的檔案** ------------

by Barbara Williams, Susie Lively, and Mary Michaels

☑寫作的作品樣本（讀寫能力方面的寫作）

☑繪畫

☑任何與個人專長有關的作品

☑同儕或是家長的回饋單

☑個人目標的計畫書

☑電子檔案作品，包括掃描的文字作品或圖畫，由孩子和大人共同選出

☑數學方面的問題解決策略

☑學生作品的照片

☑評量表（教師的診斷工具）

☑自我剖面圖（在一年的期初、期中和期末收集）

（續下表）

（承上表）

二年級的檔案

by Patti Jones, Deborah Chapman, and Velma Buckner

☑ 自我剖面圖（在一年的期初、期中和期末收集）
☑ 自我評量報告卡（在一年的期初、期中和期末收集）
☑ 寫作作品的樣本
☑ 個人目標
☑ 邏輯數學方面的報告
☑ 活動的照片
☑ 專家的觀察資料卡
☑ 家長的回饋單

目前，蒙哥馬利郡仍然使用標準化的智力測驗選拔二年級以上的資賦優異學生。即使是使用這種方法，在推行多元智慧課程模式之下，諾爾小學中被鑑定為資賦優異的學生人數逐年增加，從一九八八年二年級學生中的27%增加到一九九四年的50%。這個數目的增加顯示出教師們可能已經發現了一些方法，能將學生的專長領域發揮出來，並且幫助學生們在紙筆測驗方面[1]有關於語文和數學學習上的表現。

＊ ＊ ＊ ＊

布利克利佛路小學：
尊重學習者的多元差異

＊ ＊ ＊ ＊

布利克利佛路小學（Briarcliff Road Elementary School）位於長島的修爾漢威汀河學區，大約在紐約東方八十英里處，多年來，它堅持將學生視為具有獨特學習方法的個體。它的學生共有一百八十

八位（幼兒園和一年級），並且有一班學前特殊教育學生。教職員中有十位帶班的教師，和幾位閱讀、語言治療，和資源教室方面的特殊教師，以及兼職的音樂、體育和美術教師。

學校所在的社區是一個中產階級社區，許多孩子來自於完整的家庭，家長的工作有的是紐約市的消防隊員、警官、教師以及布魯克海文國家實驗室（Brookhaven National Laboratory）的科學家。這個學區向來注重教育，並且將學校視為社區中心。例如，公立圖書館設在高中裡，而學校中的電腦和運動器材都允許民眾共同使用。

多年來，由於學區從修爾漢核能電廠（Shoreham Nuclear Power Plant）取得的稅收，已經讓學校得以購買電腦和其他設備，以維持小班教學的規模，及提供教師充分的專業發展機會。一九九二年，當光譜計畫研究人員拜訪布利克利佛路小學時，每班平均有十八位學生，並且每間教室都有六台電腦和兩台印表機。但是，自從因為安全的因素使得核電廠的營運受阻之後，學區只得增加班級人數到大約二十二位，並且顯著地減少了教師專業發展的經費。

這個學區對於教師專業發展的重視，使得布利克利佛路小學的教師和行政人員得以參加哈佛大學的夏季研習課程，參觀國內創新的學校（包括印地安那州第一所以多元智慧理論為基礎設立的學校──奇異學校），並且邀請教育專家到他們的學校舉辦研習。例如，一九八○年代早期，布利克利佛路小學的教師經歷了「建構主義」（constructivism）的洗禮──這是以皮亞傑的認知發展理論為基礎的教育方法，強調孩子是主動的學習者，他們以經驗為基礎，建構出自己對外在世界的理解。布利克利佛路小學採用建構主義的觀念，提出了「配合認知水準」（Cognitive Levels Matching）的計畫，這個計畫嘗試依照孩子的發展水準調整課程。這個計畫後來引發了教師們從「孩子的觀點」，針對學習的過程，進行了許多專業

討論和反思。

　　迦納在一九八九年受邀到修爾漢威汀河學區的一個研討會演講，布利克利佛路小學的行政人員和教師們一起參與這個會議，並且發現多元智慧理論與自己學校中所採用的教育哲學概念相符合。他們對於每一種智慧的科學證據，以及各種智慧與不同的成熟行為狀態，或是不同職業之間的關係，特別深感興趣。

　　尤其，布利克利佛路小學的教師們特別想對光譜計畫有更深入的了解。他們邀請了三位光譜計畫的研究人員舉辦了兩次研習，並且在一九八九年的夏天，對全體教職員舉辦了多元智慧／光譜計畫的研討課程，討論如何將多元智慧應用到學校的文化中。應用多元智慧取向到學校中的這個決定是基於全體教職員的共識，而不是行政階層所做的決定；他們將多元智慧的概念融入到既有的教學中，而不是另外安排一種獨立的課程；而且全校一起實施，不是僅止於幾個人參與。

　　布利克利佛路小學的教師對於以下兩種不同的領域特別感興趣：第一，如何將各種智慧和以方案為主的教學結合起來，因為該校在加拿大愛伯特大學（University of Alberta）的查德教授（Sylvia Chard）協助下，已經開始進行方案的教學方式；第二，如何使用多元智慧理念，來評量並幫助學習成就低落和學習障礙的孩子。

多元智慧理念融入方案的教學中

　　布利克利佛路小學的教師多年來採用主題教學的方式，課程單元中包含了不同學科領域的活動。在吸收了迦納的概念後，教師們將多元智慧理論當作一種架構，根據七種智慧設計主題教學活動。教師們擴展他們現有的單元，和新的領域，以及他們認為有所不足

的活動，將其相互連結起來。

這種科際整合的方式，拓展了學習的領域，並且使孩子們從學習中獲得了極大的樂趣。然而，許多教師也對於主題教學覺得有些擔心，因為他們在實際教學的過程中，覺得課程像個大拼盤。一位一年級教師西恩斯（Nancy Sims）說：「我認為讓班上所有的孩子都得到廣博的經驗是很重要的，但是要在很短的時間中，教到音樂、數學和空間等等，讓人感覺是很表面化的。我覺得這樣做，會使活動失去意義和深度。」

主題教學非常有助於廣泛地探討一個主題，並且已經在許多學校中相當成功地實行。布利克利佛路小學的教師們也採用以方案為主的教學方式（Katz & Chard, 1989）。但是他們決定要用不同的領域、活動，或是智慧，以結合多元智慧及方案的教學方式，深入地探索一個主題。他們希望鼓勵孩子們以小組的形式，使用多元的方法去尋找出答案，並且用不同的方式呈現結果。因此，孩子們能夠自己發現到，必須運用不同的智慧去回答各種問題，而且不僅在教室裡要這樣做，在真實世界中也是如此。

以方案為主的教學強調少即是多的概念，深入的學習比教一大堆教材來得重要。因此，教師們在一學年中將焦點放在三到四個主要的方案上，再加上一些針對基本技能所做的學科領域教學，而非一年中進行十五到二十個主題。他們也將真實生活中的重要問題和爭議，例如：選舉、人口，和社區生活，作為方案的題目。

例如，一年級所進行的方案和社區有關，讓教師們可以進一步地了解學生的興趣。史恩提（Meg Scionti）的學生花了五個月的時間，將教室佈置成一個模擬的小鎮，裡面有教堂、銀行，和海灘的帳篷。他們也在一位學生家長開的餐廳中學做義大利麵。雷（Judy Lay）的班級除了蓋一些房舍之外，也邀請家長來學校和孩子們一

起分享他們的工作。孩子們也繪製了消防隊員的帽子、調查其他班級學生家長的職業，並且將調查結果畫出圖表來。西恩斯的學生則是以研究自己的學校作為社區方案。他們研究布利克利佛路小學的歷史，根據學校的資料寫出故事和描述性的散文、調查學校的建築結構、探查地下室中有什麼東西，並將他們所發現的東西畫成圖片，以及按照比例畫出學校的平面圖，以便他們可以做測量和比較尺寸大小。

全校共同進行的方案是「動物」，每個班級的孩子選擇調查一種動物。有一個班級的學生每天觀察一個螞蟻窩，在研究螞蟻的分工時，也仔細畫出了牠們的洞穴。孩子們以紙漿做出一個三英尺長的螞蟻模型，在製作的過程中，他們學到了有關螞蟻身體部位的結構和功能。孩子們也可以參觀其他班級的作品展示，互相分享資訊。孩子們對於動物的知識以多元的方式呈現出來，例如：展覽品、做小書、寫詩、繪製資料表格、圖片、照片和創作歌曲。

經過多年實施多元智慧結合方案教學的方式，布利克利佛路小學的教職員們對於學習和教學，得到三項心得：第一，他們了解到並非所有孩子都必須在同一時間裡學習相同的事物。舉例來說，在某一個方案中，孩子們可能會去深入地探索不同的領域；某個孩子會用寫故事的方式，而另一個孩子則會建造一個飛機場。不過，最後每位孩子幾乎都學習到了所有的教材，因為他們安排了時間去共同分享、展示，以及評論彼此的作品。

第二，教師們決定他們不需要在方案中涵蓋所有的課程內容。為了讓方案有自己的生命力，他們不強加一些技能方面的教學到方案中；因此孩子們在方案中學到許多該學的知識技能，但並非所有的基本技能。布利克利佛路小學的教職員認為，有些教材他們會採用直接教學，有些教材他們則採用方案教學的方式，這樣的方式令

他們覺得比較順手。

第三，教師們發現多元智慧不僅是規畫課程時重要的工具，也是一個好用的架構，讓他們用來觀察孩子和反省他們的發現。他們也非常有興趣藉由多元智慧，幫助一些原來有學習問題的孩子克服學習困難。

運用光譜的方式評量低成就的孩子

在接觸光譜計畫的前幾年，布利克利佛路小學已經建立了兒童研究小組（Child Study Team；CST），負責評量哪些孩子可能會有學業成就低落的可能性。學校主管認為這個小組會採用整體的觀點去評量出學業不佳的孩子。這個小組包括了學校心理學家、教師、學校的護士、特殊教育專家、閱讀專家，以及校長。每一位成員都必須負責一項「核心評量」（core evaluation）項目，例如，個人發展史、心理評量、學業測驗，或是健康記錄等。這個團體一起討論出孩子的發展剖面圖，共同想出一些方法提升孩子們的表現，並且為孩子思考其他可行的協助方式。

先前擔任布利克利佛路小學的特殊教育教師、現任為校長的桃樂琪（Margaret Daugherty）說，以某種程度來看，這種評量所包含的範圍相當廣泛，並且相當多元。然而，布利克利佛路小學的教師們仍然覺得這種評量不夠充分。這種評量就像是舊酒裝新瓶一樣，是以傳統的評量和測驗為基礎，非常強調語文和數學。小組討論的意見中，通常將焦點放在孩子的弱點，以及如何「矯正」（fixed）這些弱點。而多元智慧理論則支持了大部分教師們的信念，那就是，學業成就低落的孩子們仍然具有其他方面的能力。但是問題是，如何鑑定出這些潛藏的能力，並且豐富孩子的學習經驗。

　　這些在學校中掙扎的孩子們，或許有一種求知的方式和理解世界的方法，但是他們的教師並不了解。於是，布利克利佛路小學的兒童研究小組，設法去了解這些具有其他領域專長的孩子處理訊息的方法。研究小組成員希望避免給這些已經接受過標準的心理、語文，和閱讀評量的孩子們更多的測驗。他們想要試試看，能否自己發展出一套評量和討論孩子長處的觀察方法。因此，所有的小組成員都需要先在他們的專長領域中，發展出一種真實的或是觀察方式的評量模式，然後在小組會議中說明他們的做法和回答問題。藝術和音樂方面的專家也參與了這個過程，例如，藝術教師發展出了一份檢核表，用來找出擅長空間能力的思考者特徵。

　　第一個接受這個小組實施光譜取向評量方式的人是羅伯。羅伯是一位一年級學生，他的哥哥被診斷為具有學習障礙。羅伯因為語文方面的障礙，例如：字彙讀取能力和其他方面的學習問題（包括聽從指令和精細動作的技能方面有困難），而被送到兒童研究小組來，當時他已經在接受語言治療。

　　兒童研究小組的成員利用他們一起發展出來的技術，觀察了羅伯在學習時的情形。他們發現羅伯雖然在大團體中容易分心，但事實上，他是一位深思型、具有反思力的思考者。桃樂琪說，羅伯時常看起來心不在焉的原因，是因為除非他已經完全處理完他正在進行中的事，否則他便無法改變頻道。假如給他額外的時間去回答一個問題，或是完成一件任務，他通常能夠掌握和回應教師的指令。他除了在個人內省能力方面非常優秀外，在人際能力方面也十分卓越。他是一位受到歡迎的孩子，總是能讓最愛吵鬧的孩子安靜下來，並且能耍把戲娛樂同學們。

　　兒童研究小組的成員透過細密的觀察，並將他們的發現相互比較後，發現羅伯也具有非常優秀的決斷力。一旦他將注意力集中在

一件工作上，他將會試著盡最大的努力去做好它。在學年一開始，羅伯在畫圖時常常只會玩他的鉛筆，但是過了一陣子，他開始視自己為一位藝術家。在藝術教師和班級教師的幫忙下，他持續地練習繪畫以及書寫的能力，直到熟練為止，他甚至還從圖書館中借了有關繪畫的書籍。在一年級學期末的時候，他捐出了一張他為圖書館所畫的圖，而這張圖畫目前仍然掛在圖書館的牆上，深受喜愛。

布利克利佛路小學的教師們，藉由找出羅伯在不同領域方面的長處，幫助他發展出對自己學習能力的信心，並且能對學校貢獻一己之力。目前羅伯已經不再被歸類成學習障礙者，並且順利地完成了他的小學學業。

透過對於羅伯個人長處和弱點的詳細觀察，讓教師們對於每一種智慧和它在學校活動中所產生的影響，有更深入的了解。教師們藉由將他們的發現結合研讀迦納所寫的 *Frames of Mind* 一書的心得，去發現孩子的每天生活中，以及在教室中，每一種智慧所代表的含義。布利克利佛路小學的教師們雖然無法對每位出現學業成就低落情形的孩子，提供像對羅伯一樣的協助，但是針對孩子的不同需要，進行個別教育的方式，已經成為該校文化中的一部分──也就是善用每個孩子的長處，以預防學習困難的產生。布利克利佛路小學的教師們深信，教學的方式必須多元化，以便能有效地將資訊傳達給孩子，同時，孩子們分享與呈現學習成果的方式，也應該有多元的管道。在這種環境中，學業成就低落的孩子的能力，和學校向來重視的能力一樣，得到相同的尊重和讚賞。

＊　＊　＊　＊

實務工作的反思

＊　＊　＊　＊

　　學校，或者更明確地說，教室是一個複雜的系統，在這章有限的篇幅中，我們無法確切地說明，當教師們在學校改革中採用光譜或多元智慧取向時，會造成什麼樣的自我反省和風險。然而，我們希望在這章中所提出的例子，能夠帶進許多不同的方法，而這些方法能夠幫助學校或是教師邁向自己的教育目標。雖然沒有哪一種方法或是途徑可以適用在每一種情況中，但是這裡有一些一般性的形式，讓教育者在想採用多元智慧／光譜取向時可以參考使用，另外也把成功應用多元智慧的關鍵要素加以整理。這些要素包括了研讀教育改革的基礎理論、將多元智慧當成是一種工具而非一個目的、使用協同合作或是小組的方式，以及根據學校文化，採行合適的改變方法。

研讀基礎理論

　　在適當地使用多元智慧理論時，首先必須去研讀它，並且將它與自己的經驗連結。受到多元智慧／光譜理念吸引的教育者，通常會發現多元智慧的核心概念與他們已有的信念相符合。也就是說，大部分的人從自己的經驗中，都了解兒童之間存在著相當顯著的個別差異現象，並且在這個世界上，有許多不同的成功和失敗的形式。多元智慧／光譜的架構肯定了教師們的教學經驗，支持他們的信念，提供了一種和學生、家長與同事溝通的詞彙。

　　然而，假如多元智慧／光譜取向想要把掛在嘴邊閒聊的名詞，內化成一種教學法的話，那麼教師們必須有細膩的討論，並且仔細研讀本章中所描述的多元智慧理論應用。如果沒有如此的過程，學校只能以多元智慧來裝飾，而無法具有它真實的精神；簡而言之，多元智慧基本上只是一種目標，而非一種達到教育目標的方法。

將多元智慧當作一種工具，而非目的

　　在一些立意良好但是錯誤的應用中，多元智慧變成了一種樣樣都要包括的分類表：教師只在意孩子要經驗到所有的智慧，而並不關注活動是否與課程有關。多元智慧反而變成了一種新的分類法：孩子被貼上「語文的」或是「肢體動作的」標籤，而忘記了智慧事實上是多面的和動態的。有些學校在應用多元智慧的第一階段裡，會用以上的方法去做，不過在後來更充分了解多元智慧時，就能夠依循著孩子個別的專長，幫助孩子充分學習課程。

教師協同合作

　　如果多元智慧取向希望在學校中變成主要的原則，那麼就不可缺少協同合作和支持的系統。團隊合作或協同並非是光譜計畫所獨有的方式，事實上，是從採行光譜取向中自然地發展出合作關係。因為教師們若要將多元智慧和多元學科結合成為課程，通常需要彙集各種領域的專家一起合作。例如，當教師想將藝術融入到方案和課程的其他方面時，自然就會重視音樂與藝術方面的專家。有些學校採用協同教學，將不同領域的教師融合在一起。除此之外，教師們需要彼此提供善意的批評，和分享有關課程活動的想法、觀察策

略，及做報告的方法。更廣泛地來說，協同合作也可以邀請家長進入教室，和社區中的成員一起工作，以及向不同領域的專家請益。

　　透過合作的過程，教師們不僅深入了解各種智慧，也對彼此有更深層的認識。教師們學習到彼此專長的領域，並將專長發揮到課程發展和協同教學中。合作也提供了情感和精神方面的支持。舉例來說，當教師們試著將新的科目或是技能介紹到課堂中時，經常需要同事的建議，以及支持他們勇於嘗試。如同葛羅斯特的福爾學校一樣，經常性的固定聚會能夠提供教師們一個安全的環境，分享和討論已經做到的經驗和仍然需要補強的技能。

配合學校文化，採取合適的改變方法

　　如果要讓多元智慧／光譜理念能有所作用，那麼必須是教師「自己想要實施的」（homegrown）。一個教師如果能夠看到多元智慧／光譜取向與自己生活間的關聯性，即使是心存疑惑的人也會成為忠實支持者。為了讓多元智慧理論融入學校的文化，教師們必須先去分析他們所擁有的資源，找出已經開始進行的改變，並且決定希望達成的教育目標。以此為基礎，每一間學校都可以選擇出最適合的內容和方向，並且修改光譜的取向以符合需要。

　　如同坎伯的例子一樣，在某些情況下，只要靠一個教師的力量，也可以在自己的班級中做出徹底的改變。但是在學校整體的改變方面，不只需要幾個人的努力和熱誠。如果教學的改變是來自於「外面」或是「上面」的要求，是不可能被保持或是延續下去的。多元智慧／光譜的理念在一個容許教師參與決定教學理念的學校中，可能運作得最好。假若學校向來便讓教師參與決策的過程，或者已經在他們的教學中認同孩子們的個別差異，那麼可能會覺得比

較容易去應用多元智慧／光譜取向。

除此之外,教師們應根據他們能夠安心接納的程度,來調整改變的腳步。在許多個案中,教師在展開他們的改革旅程時,須先踏出一小步。學校可先以小規模試驗性的課程作為開始,或者是鼓勵教師們在不同的教室中以不同的型態去實驗。例如,有些教師們或許會開始使用一些光譜學習活動,來介紹新的領域給所有學生,然而,其他教師們或許會開始對少數的孩子們執行光譜評量,以找出他們的長處和興趣。從小小的一步開始,可以讓教師們看清楚哪種方法和想法最有成效,並進一步加以應用。

＊　＊　＊　＊

結　語
＊　＊　＊　＊

除了前述的結果之外,由道奇基金會(Geraldine R. Dodge Foundation)和舒瓦伯基金會(Charles and Helen Schwab Foundation)所支持的零方案,對於多元智慧理論的實際應用研究,還提出了幾個值得注意的實施方法。我們稱這些方法為「方針」(compass points),因為它們不是嚴格的規則,而是一些有助於達成目標的途徑。其中一項方針是,將藝術課程當作是學校生活中的一個基本要素,並且將藝術當作一種表達的形式,不論孩子使用哪種語言,或是他們具有哪種專長領域,都能夠用來分享他們的想法。另一方面,這一章中所談到的在布利克利佛路小學和其他學校中所用的方案教學方式,可以給學生一些有意義的選擇,讓他們學習到有關的內容,並且表現出學得的知識。第三,透過親身參與、重視技能的發展、回饋,以及反思的方法使用多元智慧,可以提高學生作品的品質。

通常，學校會先將多元智慧用在資賦優異或是學業成就低落的孩子身上，然後再將課程擴展到促進所有孩子的學習上。整體來說，這些發現顯示出了多元智慧和光譜能夠以許多不同的方式，做有效的應用。

改變不會在一夕間發生。除非有充分的時間讓教師們彼此討論，小規模的試作、應用、犯錯，以及從這些錯誤中學習，否則教育改革不會成功。如果能將教育方面的討論擴大到社區，包括學生、家長，和社會中堅分子，那麼教育改革將能夠獲得更進一步的支持。

當愈來愈多的學校將光譜／多元智慧理論付諸實施時，我們希望經驗的交流能夠突破學校的限制，並且擴展到跨機構、跨學區、跨州的溝通。長久以來，許多專業期刊和研討會提供了不少交流的機會。新的科技，例如電腦網際網路，或許會使得訊息傳達得更容易、更快速，讓相隔幾百或是幾千英里的學校教師，可以互相詢問，並且彼此評論。當教師們不斷地挑戰學校的改革時，我們希望能夠從教育現場中學習到更多寶貴的經驗。

P.s. 註解

①在資賦優異和天才兒童的方案中，非洲裔和西班牙裔美國人的學生，通過賈維茲獎學金（Javits grant）的人口百分比，並沒有改變（Kornhaber, 1997）。這可能是因為「極限效果」（ceiling effect）所致；蒙哥馬利郡的諾爾小學參與了一種跨郡合作的課程，稱為「評量、診斷和教學方案」，這種方案是將資賦優異的未成年孩子，安排在一種強調使用批判性思考策略、統整、實際操作

和合作學習的教室環境中。

 參考資料

Campbell, B. (1992, Summer). Multiple intelligences in action. *Childhood Education*, 197–202.

Campbell, L., Campbell, B., & Dickinson, D. (1996). *Teaching and learning through multiple intelligences*. Needham Heights, MA: Allyn & Bacon.

Fuller School. (1995a). *Blackburn Project: A short description of Fuller MI program*. Gloucester, MA: Author.

Fuller School. (1995b). *Parent survey analysis*. Gloucester, MA: Author.

Fuller School. (1996). *MI notes: A publication of the Gloucester public schools' multiple intelligences program*, 3(7). Gloucester, MA: Author.

Gardner, H. (in press). Multiple approaches to understanding. In C. Reigeluth (Ed.), *Instructional-Design theories and models: Vol. 2*. Mahwah, NJ: Lawrence Erlbaum.

Harvard Project Zero. (1995). *People/schools that are interested in MI theory*. Cambridge, MA: Author.

Katz, L., & Chard, S. (1989). *Engaging children's minds: The project approach*. Norwood, NJ: Ablex.

Kornhaber, M. (1997). *Equitable identification for gifted education and the theory of multiple intelligences*. Unpublished doctoral dissertation. Harvard University, Cambridge, MA.

Krechevsky, M., & Seidel, S. (1998). Minds at work: Applying multiple intelligences in the classroom. In R. J. Sternberg & W. Williams (Eds.), *Intelligence, instruction, and assessment*. Hillsdale, NJ: Lawrence Erlbaum.

Parker, C. (1995, Fall). Multiple intelligences and Foxfire: A natural match. *Hands on*, 12–17.

第七章

光譜的橋梁

霍華・迦納

（Howard Gardner）

在前面幾章中，我和光譜計畫的工作夥伴已經將您帶入我們的旅程中；這是一個超過十年的歷程，在這過程中我們試圖發展出一種新的幼兒教育取向。事實上，當我們開始這個歷程時，我們無法預期它的過程和最終目的會是如何。原先我們認為會發展出一種評量幼兒天資的方法，而且這個研究大約花四年的時間就可以完成。然而後來我們卻發現：評量、課程，和教師之間具有無法避免的相互關聯性，在不同情境中的幼兒教育形式有顯著的不同。在這研究歷程邁入尾聲之際，我們或許沒有產生許多新的評量方法，但是提出了一種新的教育取向，讓許多人和團體可以就不同的教育目的來採用這種取向。當然，這不是光譜計畫的結束，事實上，光譜計畫的主要概念不斷地在各種新的、無法預期的方向中擴散它的影響力，我想，這就是光譜計畫無限生命力最佳的寫照。

❋　❋　❋　❋

架　橋

❋　❋　❋　❋

當我回想光譜計畫的實施歷程時，我很驚訝地發現我們曾在那麼多相互對立的勢力中做過那麼多的努力：例如，在「理論的魅力」和「實務的現實面」之間；在「光譜計畫的核心概念」和「不同社區的目標與需要」之間；在「將孩子視為獨特的個體」和「將孩子視為團體中的一分子」之間。有時我們被遠推到遙遠的反方向上，而深感挫折；但是有時令人欣慰的是，我們已經在這些對立的勢力之間建立起溝通的橋樑了。在這本書的最後一章中，我將就已經搭建起來的這些「光譜的橋樑」，說明其中的一些方法。

從理論到教學，再從教學到理論

我們像許多研究者一樣，根據自己的理論研究結果做為工作的起點——以目前的情況來說，是以費爾德曼的發展理論、我的多元智慧概念，以及皮亞傑學派的人類發展取向為主。在一九八○年代早期，我們的努力僅是嘗試將理論放入教學中。

我們曾經在艾略特—皮爾森兒童學校中開始我們的工作，然而，事實上我們從幼兒的生活中、傑出教師的例行工作中、家庭和社區關心的事情中，學到很多寶貴的經驗。如果我們的工作真的有了一些效用，那是因為我們確實學到了觀察和傾聽合作夥伴的意見。其實，剛開始時，我們可能只把這個當作是一種禮貌，或者更嘲諷地說只是一種手腕；然而，我們最後了解，從這些實務工作者身上，我們學到了「教學相長」的真諦。

舉例來說，我們認為可以設計一些單純的任務或是遊戲，並且將它們從「實驗室」中直接帶到「教室現場」。事實上，這樣做一點用處也沒有。我們最有效的光譜任務都是從觀察孩子會做什麼事、孩子喜歡做什麼事、孩子之間互動的情形，以及孩子與教師間互動的情形設計出來的。通常簡單的家庭用品或是互動的遊戲，最能夠產生效果——其效果經常令人眼睛一亮。

再舉例來說，我們的初衷是著重在設計一些評量任務來找出智慧的種類。後來，我們不僅發現在智慧和領域之間沒有一個既有的對應關係，也很快地了解到孩子處理工作的方式應該視為一種評量的內容。因此，原來的七種智慧，逐漸地在各領域中成為十五種不同的評量任務。我們也很快地在既有的光譜評量中，加入一份「工作風格」的評量；在增加了「工作風格」之後，讓我們對發展心理

學領域產生許多興趣。其實這樣做並沒有跨越發展心理學的範疇，就像是「風格」這個名詞所隱含的意義一樣，工作風格在某些時候是隨內容而定的：某個孩子在操作一套教具時，或許會非常衝動或是幽默；但在與別人互動時卻非常認真和冷靜。所以當我們要全盤了解一位孩子的特質傾向時，必須同時觀察孩子所做事情的內容，以及他在這個特定的事情內容中所表現出來的態度取向。

此外，我們對於人際智慧領域得到了一個更為完整的了解，改變了以往對人際智慧的觀點。現在我們將社會角色區分為領導者、促進者、團隊成員、獨行俠，以及照顧者／朋友。而在另一個光譜領域中，原來被稱為自然觀察者角落的活動，也因著研究的結果，促使我們進一步提出了新的智慧類型──自然觀察者（Gardner, 1998）。

我們絕不是唯一獲得這些經驗的教育研究者。事實上，在過去十年間最有成果的發展之一，就是將關心教育的研究者和實務工作者結合在一起；實務的經驗確實對研究有所貢獻，也經由對教學實務工作的重視，進而強化了理論的內涵（McGilly, 1994）。毫無疑問的，這些溝通的橋梁增強了理論以及實務的教學。

光譜的需要 VS.社區的需要

當我們每天在與實務工作者的互動中，提升自己的概念時，也常察覺到，我們研究小組的目的與需要，未必和合作的社區完全相同。

這種緊張的狀況在艾略特─皮爾森兒童學校中並不嚴重。這是因為這所「實驗學校」與兒童發展研究中心彼此已經有多年的合作經驗，雙方之間隨時都能夠互相溝通，同時，許多投入這個計畫中

的人是研究中心的大學生或是研究生,而這個研究對於學校的聲望多多少少有些幫助。

但是,當我們開始在其他社區中進行研究工作時,不論是在公立學校,或是博物館,該機構的不同目標和方針很快就會浮現出來。研究者想要做的是檢驗他們的理論,以及探討他們想要回答的研究問題;他們從這兩方面的進展來判斷自己是否成功。學術的聲望是建立在歷年來所發表的演講或是寫出的文章(或甚至是三本書!)上,就像下面一段嘲諷的文字所說的一樣:

> 研究者一面做研究,一面努力奔波,
> 為了另一天的研究而生存。

然而學校和博物館有完全不同的目標和輕重緩急的著眼點。他們所使用的是納稅人的錢(和私人的捐贈),而非研究經費,因此更被期待要發揮教育,或娛樂,或是兼具以上兩者的功能。教師和館長都肩負了沉重的管理和組織的重任,他們對於孩子負有責任,對於他們的社區也肩負著同樣沉重的道德義務。他們的成功是藉由客觀的方法(測驗分數、觀眾、售票數字)來評量,以及較主觀的藉由社區民眾的贊成或不贊成來判定。儘管他們並非因為要作為一個好公民而同意參與研究工作,或是希望藉由協助一所有名望的大學而獲益,但是研究人員所關切的問題,基本上很難硬加到那些每天要煩惱於教育幼兒責任的人身上去。

我們和這些不同的意見有許多具體的接觸實例。在艾略特—皮爾森兒童學校時,我們希望能夠個別地去了解孩子,然而學校希望孩子是以小組的方式工作;我們想將報告焦點放在孩子的長處方面,但是父母們想要知道孩子有哪些弱點;我們在和學校、博物館

合作時，設法開發出在不同的環境中都能夠引起「共鳴」的教材教具，然而，在保守的教室環境中的「自由選擇」（free choice）與在博物館中所認為的「自由選擇」相當不同，並且家長無法靈活地運用我們所開發的「親子共做的教材」（home materials）；當我們在一年級的教室中，強調不同興趣、風格和學習速度的重要性時，教師煩惱的是閱讀教學，以及如何幫助弱勢的學生獲得較高的測驗分數。

　　一般人在面對這些不同的優先考量點時，通常就是去尋找一個折衷的辦法——設法找出照顧到雙方立場的教材、方法或是目標。有時候這是很容易辦到的，舉例來說，我們可以在智慧剖面圖中提供家長有關於孩子的多方面資料。

　　然而，折衷的辦法不一定可以找得到。我的看法是，要搭造一座更有效的溝通橋梁，得先在不同的單位間建立良好的了解，發展一種信任感，以及彼此確認真的具有某種程度的共同目標。舉例來說，我們彼此都想提供最好品質的照顧給不同的幼兒，在這種情況下，共同合作的不同單位才能夠坦然接受彼此不同的考量點，並且懂得去看重和尊敬其他團體的立場。假如學校和博物館都認同對方所負責的目標和其他團體的優先考量點，那麼兩種團體就能在一起有效地工作。如果學校和博物館能相互平等地尊重，同時有機會以一種積極的方式影響孩子時，孩子就能得到最佳品質的服務。或者是，當家長能盡量尊重研究者的目標，也就是想要了解哪種教育的取向對不同的孩子能發揮效用時，研究者也會重視家長對孩子各方面表現的關心。

著重個別孩子 VS.著重群體

如果我們只是和同業說話，我們這些心理學家會堅信這個世界主要是由兩耳之間的空間所組成的——也就是心智／大腦。在「個別vs.群體」的爭議中，發展心理學家特別要負起這個責任，因為我們的守護神皮亞傑就是對孩子的心智特性特別感興趣，而忽略了孩子之間的互動，以及孩子在團體中所扮演的角色。在我們的研究中，已經看到了孩子之間動態的互動行為，也非常關切這些互動對孩子的心智有什麼特別的作用。

在美國要形成「個別vs.群體」的爭論，要比在其他社會容易得多，因為我們的社會非常看重個別的孩子。然而，一個教室並不是簡單地由個別的個體所構成；它是一個由許多人所構成的社群，並且只有在個體彼此了解、尊重，以及遵守共同制定的標準時，才能運作。此外，最近的研究和實驗顯示，如果只是將焦點放在單獨一個對象，對我們社區中的許多孩子而言未必有幫助。事實上，孩子在設計良好的團體中學習，通常會表現得比較好；要在成人的社會中有效地發揮功用，必須要有能力成為團體的一分子，並且和其他成員互相搭配自己的長處和弱點。

在光譜計畫所根據的理論中，也認為其他個體確實會扮演重要的角色。費爾德曼已指出在培養天才的過程裡，整個社群成員所扮演的重要性，而且我的研究中也強調個人智慧的重要，然而我們還是要說，研究人員大部分的重心仍然放在個別的孩子身上。但是如果從合作機構的觀點來看，最重要的一件事，則是要有一個健全的社群團體。

於是，當我們在這個領域中搭建溝通的橋梁時，我們發展出了

幾個有用的方法。舉例來說，在光譜計畫的一年級教室裡設置了學習中心，有共同興趣的孩子們可以一起合作，共同發揮他們的智慧長處。在學校、博物館，和家庭的合作方式裡，推展的概念就是要讓每位孩子能和現有的人力及資源建立連結。我們師傅方案的課程裡，則強調社區中有愛心的成人能對孩子的心智有深遠的影響。

　　然而，或許光譜計畫中最重要的是一座概念的橋梁，而非教材教具的橋梁。光譜計畫最成功的部分，是讓只重視個別個體的人了解到，如果沒有各種人力和外在的資源，是不可能有所發展的；並且光譜計畫幫助那些只重視群體的人了解到，每個個體對於廣闊的社群來說，都具有獨特且重要的貢獻。我們有一位非常傑出的教師在將光譜計畫應用到幾個孩子身上之後，說：「我從來沒有像現在這樣了解我班上的孩子。」這位教師使用光譜計畫中的想法，在班級中建立起一個更有效的團體，促使孤立的孩子和環境之間建立起溝通的橋梁。

※　※　※　※

光譜計畫的提醒

※　※　※　※

　　大致而言，我們很高興知道遠在他處的一些教育同好聽到有關光譜計畫的一些想法，並且應用到他們的教學實務中。就像是在第六章所提到的，我們知道很多人巧妙地應用光譜計畫，並且我們也從中學習到很多寶貴的經驗。

　　然而，某些時候我們會看到一些和光譜計畫精神相違背的情形。我們對這些不恰當的教學應用，或許也有一些必須自責的部分，因為我們在早先的時候自己也有一些誤解。舉例來說，我們最

早的想法也是很想去發展一套七種智慧的測驗，或是「快而簡便」的測驗就好，所以當光譜計畫的想法被誤用到計量的取向中時，我們也懷有愧疚的罪惡感。

整體來說，我們認為光譜計畫是一種有用的方式，可以幫助我們在孩子某個人生階段時，深入地了解孩子的特質。但是我們不願就此讓孩子被說成「具有語文智慧而沒有視覺空間的智慧」，或者是「這位孩子很有潛能成為一位自然觀察者，而無法成為一位機械專家」。因為我們的評量仍然很粗略，對於人類發展方式的了解還有許多不確定之處，不能就此做出這種簡單的定論。實際上，也沒有任何縱向研究的資料提出，一個人在某一年齡時所呈現的智慧剖面圖，能夠持續兩年的有效期，更不用說持續二十年了。

做為發展心理學家的我們相信，人類的生長是融合了文化影響以及個人意志。一個「自然觀察者的孩子」是否長大後會變成一位「機械工程師」，端賴孩子想要去做什麼、願意投入多少時間去做，以及在他們的環境中是否有良好的訓練和機會。

我們要再次強調，一種智慧不等於一種領域、學科，或是工作。我們或許說得好像有可能在孩子身上找出他的主要強勢智慧，但那只是一個粗略的想法而已。「智慧」是一種科學上的概念，不是一種實際存在的物質。事實上，心理學家和教育家所能看到的，是孩子所能精熟的工作、技能和領域。因此，我們更應該謹慎地描述孩子，例如：某位孩子是彈吉他的生手，但是在鑑別植物和動物方面已經達到了出師的程度。我們最好不要用猜測性的科學分類方式，像是有「音樂智慧」或是「自然觀察者智慧」的方式，去對孩子做分類。

最後，如同我們前面所討論的，很重要的事情就是，我們知道光譜計畫要能與各行各業合作，而這些機構都有它自己的目標。我

們認為前面所提出的「橋梁」，對於大部分參與光譜計畫的人來說，都會有用。因此，我們鼓勵未來的夥伴認清但是不要捲入理論和教學實務間的緊張狀況、光譜計畫目標與合作組織目標之間的衝突，以及著重單獨個體與團體社群之間的拉鋸戰中。或許我們提出的某些橋梁，對於上述的問題有些參考價值；我們也會繼續向其他應用光譜取向的人們學習寶貴的經驗。

✻　✻　✻　✻

展望未來

✻　✻　✻　✻

如果比奈在世的話，他一定會驚訝地發現，他在九十多年前用來測驗巴黎學童的測驗題目，在今天所產生的影響。從我們自己的十年研究工作中，也常常為自己所走的方向感到驚訝（其實應該說是工作決定我們的方向），並且我們也感到無限驚奇的是，許多偶然認識或是從未謀面的人，竟然對光譜的應用提出相當具有啟發性的見解。

事實上，光譜計畫不是一個套裝工具，也不是一本食譜，就像我們有時戲謔的說法：「我們沒有一組成套的工具，甚至沒有一群固定的工作人員」一樣。或許也因為缺少這些東西，因而對於實務工作和持久性而言，反而是好的。實務工作最好是自發性，而非從外面強加進來的，這樣才會比較有意義和持久。我們希望在光譜計畫中新的想法持續地產生，而最重要的，它的未來是繫於有心的教育工作者身上，以發展出合適的學習任務和學習中心。

至於在我們自己的研究興趣方面，仍然好奇於造成孩子擁有優異天賦的原因，以及讓孩子在不同的環境中展露優異天賦的因素，

或者孩子的天賦被埋沒的原因。以目前光譜計畫在不同群體、不同年齡、不同社會中應用的情況來看，我相信未來光譜計畫將會陸續發展出令人興奮的故事。我們也體認到光譜評量的方式必須做一些修正，針對傳統心理計量學的質疑加以回應；尤其是當今的幼兒教育階段都面臨了績效責任的壓力，支持光譜計畫的人士也需要提出信度、效度、效用，以及整體的功用等方面的證據。

要取得經費去進行這些問題的研究，是相當不容易的；我們正處於一個缺乏經費支持「兒童發展與教育問題基礎研究」的年代。然而，就算沒有專屬的研究經費，我們也應該提出一些初步的答案，繼續堅持我們的研究興趣。或許有一天，令人歡欣的日子來臨了，有較充沛的經費來資助研究，光譜計畫或許又能以系統化的方式來研究幼兒教育的問題。

✳ ✳ ✳ ✳

致　　謝

✳ ✳ ✳ ✳

研究者基本上是受到好奇心的驅使而進行研究，如果要說每一個研究都能夠提出（或者預期要有）實際的應用，恐怕是有些虛偽。我們明顯地看到很多優良的教學實務，並不是來自於嚴謹的研究，或者從長期枯燥的研究過程中研發出來的。我們要不是有一些慷慨的基金會提供支持，光譜計畫根本無法進行，也不可能做出任何結果。如果光譜計畫有一點效果，並且有一些持續的影響力，我們都必須要感謝洛克斐勒兄弟基金會（Rockefeller Brothers Fund）、葛蘭特（W. T. Grant）基金會，以及史賓賽基金會給予我們的支持和贊助。

　　在這本書接近尾聲之際，我要和本書的第一位作者費爾德曼，一起對這些促成此研究的許多人和組織，表達出我們由衷的感謝。我們無法在此列舉出每一位；但是我們必須特別感謝和我們合作的艾略特—皮爾森兒童學校、波士頓兒童博物館、波士頓梅森學校，以及麻州索瑪維爾市的溫特席爾小學（Winter Hill School）中的所有教職員。

　　我們也非常感激上百位以各種不同的方式參與這個研究的孩子、家長、教師、講師和師傅們。如同前面各章中所清楚呈現的，我們應該將最多的感激歸功於直接和我們一起工作，對於研究與實務教學提供支持的一群極優秀、勇敢的研究者，其中一些主要的負責人分別是克萊奇維斯基、芬絲和陳杰琦，以及感激在這過程中負責將三份不同手稿編輯成冊，而成為光譜計畫的名譽小組成員——愛蜜莉‧伊思柏格小姐。

 參考資料

Gardner, H. (1998). Are there additional intelligences? In J. Kane (Ed.), *Education, information, and transformation*. Englewood Cliffs, NJ: Prentice Hall.
McGilly, K. (Ed.). (1994) *Classroom lessons*. Cambridge, MA: MIT Press.

附錄 A

光譜活動說明

1.　肢體動作活動

創意肢體動作：兒童在學年中每兩週一次參與一次創意肢體課程。
這個課程著重兒童在舞蹈和創意活動方面五種領域
的能力——對韻律的敏感度、表達力、身體控制、
創作新動作和對音樂的反應性。教師們綜合地使用
半結構性的活動（例如，老師說）和較開放的活動
（例如，根據音樂所編的舞）。每一次的課程上課
時間約為二十分鐘。

障礙賽課程：在春天的時候，戶外障礙賽課程提供兒童機會去參
與一系列複雜和連續性的動作。這個課程包括跳遠、
走平衡木、障礙賽跑、跳欄。這些項目的設計，源
自於不同運動中所需的技能，如協調、時間感、
平衡和動力等。

2.　語言活動

故事板活動：故事板活動提供一個具體但開放的架構，以便讓兒
童能創作故事。兒童被要求用故事板上所配備的材
料來講故事（例如，國王、噴火龍、珠寶盒等）。
這種活動測量很多語言上的能力，例如使用字彙的
複雜度、句子的結構、說故事的語調和對話、主題
的一致性和表達力。

小記者活動：小記者活動評量兒童對自己親身經歷事情的描述能
力。在第一個活動中，讓孩子看一部影片，然後詢

問孩子一些有關於影片的問題。孩子的答案會按下列指標計分——內容的正確性、字彙的複雜度、細節描繪的程度、句子結構。第二個活動是「週末新聞報導」（Weekend News），所評量的能力和第一個活動相似，活動的進行持續一整年。在一學年中，每隔一或二週，兒童會扮演記者，報導他自己在週末內所做的事。在他們的報導中，通常都混合了真實和幻想的事件，成人將之記錄下來，並彙集至一本特別的記事本中。這本記事本收集了許多有關孩子報導技巧的記錄，可使教師在一學年中重複察看；另外，這本記事本的資料也可以讓教師了解孩子所感興趣的事物。

3. 數學活動

恐龍遊戲：這個活動是設計用來測量孩子的計算能力、數字概念的理解、遵守規則的能力和使用策略的能力。這個遊戲由一個遊戲板和一張大恐龍圖、木頭骰子、小塑膠恐龍所組成。其目的是讓小恐龍由飢餓的大恐龍身邊逃走，兩個遊戲者輪流擲骰子來決定逃走的方向和走幾步。在遊戲的最後，讓孩子有機會決定對自己最有利的骰子的數字，從這個方式中，可以看出孩子是否了解規則。

公車遊戲：公車遊戲的目的是評量孩子能否創造一個有效的符號系統、做心算，並且組織含有多個變數的數量資訊。公車遊戲的材料有紙板公車、四個公車站的遊戲板，上、

下車的人，兩組彩色方塊板。在遊戲中，孩子要記住在
每一站中公車有多少乘客。這個遊戲會有八趟公車之
旅，遊戲的難度逐次提高。其中有幾次孩子必須靠自己
記住數字，有幾次可以用彩色方塊板來協助記錄。

4.　科學活動

發現角：發現角是全年常設的自然科學活動。活動包括照顧小
動物、種植物、仔細檢視多種自然界的東西，例如：
石頭和貝殼。雖然發現活動不被正式的計分，但教師
會使用一個檢核表去記錄孩子的觀察，和他們對自然
現象的欣賞與了解。例如，有些孩子會注意到東西間
的相似和相異，及在不同時間的變化；有些孩子則會
根據觀察結果提出問題。

尋寶遊戲：尋寶遊戲評量孩子邏輯推理的能力。遊戲開始前，不
同的「寶物」被藏在不同顏色的旗子下。此遊戲的目
的在於使孩子明白發現埋藏寶物的規則，並依此規則
來預知在何處會找到何種寶物。我們提供孩子一個特
別的盒子去保存所找到的東西，盒子內用不同的顏色
做出小方格，但是我們不告知孩子該如何使用這個盒
子。我們觀察孩子們如何利用盒子來分類寶物，藉此
可以看出孩子組織訊息的能力，並且幫助孩子了解遊
戲規則。

浮沉活動：浮沉活動是用來評量孩子運用觀察結果作出假設，並
進行簡單實驗的能力。我們給孩子一盆水及幾樣會浮
沉於水中的材質，然後要求他們預測並假設以解釋這

些物體的浮沉情況。我們也鼓勵孩子們以自己的方法
來試驗這些東西。

組合活動：組合活動是設計來評估孩子的機械能力。先給孩子們
兩部食物研磨機，讓他們拆解後再組合回來。這項活
動的完成仰賴良好的操作技巧、視覺空間能力，以及
觀察與解決問題的能力。這項活動特別能夠反映出在
傳統的科目中可能被忽略的認知技巧。

5. 社會活動

教室模型：這個活動的目的在評估孩子在教室中觀察與分析社會
事件及經驗的能力。我們提供給孩子一個教室模型，
並且配有家具，以及貼著同學、教師照片的木質人偶。
如同玩娃娃屋般，孩子們在模型中放置人偶的方式可
以反映出其對同儕、教師的了解及社會經驗。我們也
讓孩子說出他最喜歡的活動和同伴，同時探討孩子對
於社會角色的理解程度（例如，孩子扮演領導者或輔
助者）。

同儕互動檢核表：教師利用檢核表來幫助他們仔細觀察並評估孩
子們與同儕間互動的方式。完成檢核表後，教師可以
判斷出孩子扮演哪一個角色——領導者、促進者、獨
行俠及團隊成員。每個角色都由特別行為模式組成；
例如，扮演促進者的孩子通常樂於分享資訊，會幫助
其他人；扮演領導者的孩子通常試圖組織其他孩子。

6.　視覺藝術活動

藝術檔案：整個學年中，每個孩子的藝術創作作品被蒐集成一個
　　　　　檔案。這些檔案中包含：素描、彩繪、拼貼及立體作
　　　　　品。教師在每一學年中，回顧孩子的檔案兩次，並依
　　　　　孩子使用的線條、形狀、顏色、空間、細節程度和表
　　　　　現方式為準則，來評估其內容。教師也可以記錄下孩
　　　　　子偏好的藝術媒材。

結構化活動：除了藝術檔案外，每年讓學生參與四種結構化活動，
　　　　　並且按照檔案評量的指標來評量孩子的表現。一個孩
　　　　　子應完成三件畫作及一件立體作品。這個活動可以給
　　　　　孩子們相同的材料來做設計與整合。

7.　音樂活動

歌唱活動：此活動是評估孩子在唱歌時能唱出正確的音調、節奏、
　　　　　旋律，並且記憶音樂作品的能力。在活動中，孩子被
　　　　　要求唱出一首最喜歡的歌曲及通俗的童謠，另外，孩
　　　　　子要能說出以前教唱過的歌曲名字。

音樂知覺活動：其目的在評估孩子於不同情況下對音調的辨別能
　　　　　力。首先以錄音機播放四節三種熟悉的歌曲旋律，讓
　　　　　孩子說出歌名。接下來，讓孩子聆聽一首熟悉歌曲的
　　　　　不同版本，並讓孩子指出其正確與否。最後，讓孩子
　　　　　們用外型相似但可奏出不同聲調的音鐘來玩音調搭配
　　　　　的遊戲。

8. 工作風格

工作風格檢核表：工作風格檢核表幫助教師了解孩子處理材料和
事物的不同方式。教師在孩子完成一項光譜活
動後，便填寫一份檢核表。工作風格的內容包
含了孩子的持續力、愉悅感、專注力、勉強參
與、急於想將活動改為自己喜歡的方式等行為
態度。這個檢核表可以讓教師找出孩子表現最
好的領域和情境。例如，某位孩子可能可以專
心做組合遊戲或是視覺藝術工作，但是在其他
領域方面非常不專心。或者，某位孩子在高度
結構化的活動中表現良好，但是不太愛參與說
故事活動或做實驗。

附錄
B

光譜計畫的關鍵能力

◆ 機械與建構 ◆

因果和功能關係的理解

☑　以觀察為基礎來推論關係

☑　了解部分到整體的關係，和各個部分的功能，以及如何將各個
　　部分放在一起

視覺─空間的能力

☑　以平面或立體的方式，構想出或改造物體或簡單的機器

☑　了解一個機械物體各部分間的空間關係

對於機械性物體的問題解決法

☑　使用嘗試錯誤法則，並從中學習

☑　使用有系統的方式去解決機械性的問題

☑　比較和統整資訊

精細動作技能

☑　擅長於操作小零件和物體

☑　表現出良好的手眼協調能力（例如：能夠用鐵鎚敲釘子，而不
　　會敲到手指）

◆ 科學 ◆

觀察的技能

☑ 使用一種或多種感官，詳細觀察事物以學習其本質特徵

☑ 經常注意到環境中的改變（例如：植物新長出來的葉子、樹上的蟲子、季節的些微變化）

☑ 有興趣記錄觀察的結果，如用畫圖、製表、重新排列卡片或其他方式

對於相似和相異處的鑑定

☑ 喜歡比較和對照材料和／或事件

☑ 將材料做分類，注意其相似和／或相異處（例如：比較與對照螃蟹和蜘蛛）

假設的形成實驗

☑ 根據觀察的結果做預測

☑ 詢問假設性的問題（「如果……又會如何？」），並解釋事情為何是那樣

☑ 執行簡單的實驗或提供實驗的點子，以測試自己或是他人的假設（例如：將大小不同的石塊丟入水中，看哪種大小的石頭會先沉下去；用繪畫顏料代替水澆灌植物）

對於自然和科學現象的知識和興趣

☑ 對於不同的科學主題表現出廣博的知識；自發性地提出相關的

資訊，或報告自己或他人的相關經驗

☑ 對於自然現象或是相關訊息持續地展現興趣，例如：自然史方面的書籍

☑ 對於所觀察的事物不斷地提出問題

◆ 肢體動作 ◆

身體的控制

☑ 能知覺、區隔並控制身體的各部位，計畫、排序並有效地執行動作——這些動作看來不像是一些零亂或不連貫動作的整合

☑ 能夠重複自己的某些動作或模仿他人的動作

對於節奏的敏感度

☑ 能夠隨著持續的或改變的節奏（如音樂）執行動作（例如：孩子隨著節奏律動時，表示他意識到或注意到節奏的改變）

☑ 能夠設定個人的節奏，並且去調整它，以達到一種期望的效果

表達力

☑ 依據文字描述、道具或音樂，運用手勢和身體的動作，引起某種情緒與想像

☑ 能夠對一種樂器或者是音樂選集的音調或氣氛有所回應（例如：對於抒情的音樂，會以柔和與流暢的動作做回應，對於進行曲則會以強勁和間斷的動作做回應）

運動動作構想的產生

☒ 能夠用言辭和／或身體創造一些有趣且新奇的動作（例如：建議孩子們舉起手臂，使其看來像是雲在天空中飄浮）

☒ 能夠以獨創性的肢體動作立即地回應點子和想法

☒ 能夠編一支簡單的舞蹈，或者是用它來教別人

對於音樂的回應

☒ 對於不同種類的音樂，會以不同的方式回應

☒ 當回應音樂時，能夠展現出節奏和表達力方面的敏感度

☒ 在可利用的空間中（垂直的和水平的）自在地探索，輕鬆流暢地在其範圍裡活動

☒ 在一個共同使用的空間裡，會比其他人先對音樂有所反應

☒ 在空間中實驗各種身體動作（例如：迴轉和旋轉）

◆ 音樂 ◆

知覺能力

☒ 對於音樂強度（強烈的和輕柔的）具有敏感度

☒ 對於節奏和旋律的類型具有敏感度

☒ 具有辨別音調的能力

☒ 能夠分辨出音樂和音樂家的風格

☒ 能夠分辨出不同的樂器和聲音

唱歌

- ☑ 能夠準確地保持音準
- ☑ 能夠準確地保持節奏和旋律的類型
- ☑ 歌唱或是演奏時會表現出情感的投入
- ☑ 能夠記得並再複製歌曲或其他曲子的音樂屬性

作曲

- ☑ 創作簡單的曲子，有開始、中段和結尾
- ☑ 創作出簡單的記號系統

◆ 數學 ◆

數字的推論

- ☑ 善於計算（例如：用最快的方法）
- ☑ 能夠估計
- ☑ 善於定量物體和資訊（例如：藉由整理記錄，而創作出有效的標記法和圖表）
- ☑ 能夠辨認出數字間的關係（例如：機率、比率）

空間的推論

- ☑ 發現空間的序列
- ☑ 能夠熟練地操作拼圖
- ☑ 利用想像力將問題視覺化、具體化

邏輯的問題解決法

- ☑ 能夠將焦點放在問題本身的整體結構上，而非單一因素
- ☑ 能夠做出邏輯的推論
- ☑ 能夠概括出規則
- ☑ 能夠發展和使用策略（例如：玩遊戲時）

◆ 社會理解 ◆

對於自我的理解

- ☑ 能夠了解自己的能力、技能、興趣和有困難的領域
- ☑ 能夠反省思考自己的感覺、經驗和成就
- ☑ 能夠經由這些反省思考而了解並規畫自己的行為
- ☑ 能夠洞察出使自己在某方面可以做得更好或更壞的因素

對於他人的理解

- ☑ 能夠了解同儕和他們的活動
- ☑ 仔細地照顧他人
- ☑ 能夠了解他人的想法、感覺和能力
- ☑ 以某人的行為來推論此人的人格、能力……等

擔任特定的社會角色領導者

- ☑ 經常去發起和組織活動
- ☑ 組織、動員其他孩子
- ☑ 為其他人分派角色

☑　解釋活動的程序

☑　監督和指導活動且有遠見

協助者

☑　經常和其他人分享構想、資訊和技能

☑　調解衝突

☑　邀請其他孩子一起玩

☑　延伸和推敲其他孩子的構想

☑　當其他孩子需要照顧時，能夠提供幫助

照顧者／朋友

☑　當其他的孩子感到沮喪時，能夠安慰他們

☑　能夠敏感地察覺到其他孩子的感覺

☑　能夠了解朋友喜歡什麼和不喜歡什麼

◆ 語文 ◆

創造故事／說故事

☑　在說故事時很有想像力和創造力

☑　喜歡聽和閱讀故事

☑　在故事情節的設計和發展，角色的推敲和動機，對環境、風景、
　　情緒的描述，以及對話的使用……等方面，表現出興趣和能力

☑　展現出表演的能力或是戲劇的才能，包括不同的風格、表情，
　　或是扮演不同角色的能力

記述性的語言／報告

☑ 能夠正確以及有條理地說明事件、感覺和經驗（例如：能夠描述出正確的順序和適當的細節；能夠將事實與幻想區別出來）

☑ 能夠正確地說出事物的名稱和特徵

☑ 對於解釋事情是如何運作的，或是描述事件的過程有興趣

☑ 進行合乎邏輯的辯論或質問

以詩意的方式使用語言／文字遊戲

☑ 喜歡和善於文字遊戲，例如：雙關語、作詩和比喻

☑ 字義和字音的遊戲

☑ 有興趣學習新的字彙

☑ 能夠以幽默的方式使用文字

◆ 視覺藝術 ◆

感知能力

☑ 能夠知覺到環境和藝術品的視覺元素觀察能力

☑ 對於不同的藝術風格具有敏感度（例如：能夠區別出抽象派藝術、寫實派藝術，和印象派藝術等⋯⋯）

作品：畫像

☑ 能夠正確地以二度或三度空間的方式表現

☑ 能夠創作出可以辨別的符號，來象徵一些常見的事物（例如：人、植物、房子、動物），並且能夠調節空間中的成分，使其

具有整體性

☑ 能夠使用實物的比例、細部的裝飾和精心搭配的色彩

藝術才能

☑ 能夠使用各式各樣的藝術元素（例如：線條、色彩、形狀）去
描繪出情緒，創作出某種程度的效果，以及美化平面或是立體
的藝術作品

☑ 透過文字的描述，傳達出強烈的情緒（例如：微笑的太陽、哭
泣的臉），和抽象的特徵（例如：運用陰暗的顏色或是下垂的
線條去表達悲傷）；所創作的繪畫或是雕塑，能夠表現出「生
命力」、「悲傷」或者是「力量」

☑ 對於裝飾和美化有興趣

☑ 所畫的圖呈現出多采多姿、平衡感、韻律感，或是兼具以上所
有特性

探索

☑ 能夠以靈活和創新的方法去使用藝術材料（例如：能夠實驗顏
料、粉筆，和黏土所製造出來的效果）

☑ 能夠使用線條和形狀創作出不同表現型態的二度或三度空間作
品（例如：開放的和封閉的、感情激動的和被抑制的）

☑ 能夠製作各種特定主題（例如：人、動物、建築物、風景）

多元智慧 1

因材施教：多元智慧之光譜計畫的經驗

系列主編：Howard Gardner, David Henry Feldman
         & Mara Krechevsky
編 著 者：Jie-Qi Chen, Mara Krechevsky, Julie Viens
         & Emily Isberg
總 校 閱：梁雲霞
譯 者：葉嘉青
執行編輯：陳文玲
副總編輯：張毓如
總 編 輯：吳道愉
發 行 人：邱維城
出 版 者：心理出版社股份有限公司
社 址：台北市和平東路二段 163 號 4 樓
總 機：(02) 27069505
傳 真：(02) 23254014
郵 撥：19293172
  E-mail：psychoco@ms15.hinet.net
網 址：www.psy.com.tw
駐美代表：Lisa Wu
    Tel ：973 546-5845   Fax：973 546-7651
登 記 證：局版北市業字第 1372 號
電腦排版：未名圖文社
印 刷 者：玖進印刷有限公司
初版一刷：2002 年 4 月
初版二刷：2003 年 3 月

定價：新台幣 280 元
■ 有著作權·翻印必究 ■

ISBN 957-702-511-0

國家圖書館出版品預行編目資料

因材施教：多元智慧之光譜計畫的經驗 / Jie-Qi
Chen 等編著；葉嘉青譯. — 初版. —
臺北市：心理, 2002（民 91）
　　面；　　公分. —（多元智慧；1）
譯自：Building on children's strengths:
　　　　the experience of Project Spectrum

ISBN 957-702-511-0（平裝）

1.學前教育—教學法　　2.小學教育—教學法

523.2　　　　　　　　　　　　　　91006809

讀者意見回函卡

No. _____

填寫日期： 年 月 日

感謝您購買本公司出版品。為提升我們的服務品質，請惠填以下資料寄回本社【或傳真(02)2325-4014】提供我們出書、修訂及辦活動之參考。您將不定期收到本公司最新出版及活動訊息。謝謝您！

姓名：_____　性別：1□男 2□女

職業：1□教師 2□學生 3□上班族 4□家庭主婦 5□自由業 6□其他_____

學歷：1□博士 2□碩士 3□大學 4□專科 5□高中 6□國中 7□國中以下

服務單位：_____ 部門：_____ 職稱：_____

服務地址：_____ 電話：_____ 傳真：_____

住家地址：_____ 電話：_____ 傳真：_____

電子郵件地址：_____

書名：_____

一、您認為本書的優點：（可複選）

　❶□內容 ❷□文筆 ❸□校對 ❹□編排 ❺□封面 ❻□其他_____

二、您認為本書需再加強的地方：（可複選）

　❶□內容 ❷□文筆 ❸□校對 ❹□編排 ❺□封面 ❻□其他_____

三、您購買本書的消息來源：（請單選）

　❶□本公司 ❷□逛書局⇨_____書局 ❸□老師或親友介紹

　❹□書展⇨____書展 ❺□心理心雜誌 ❻□書評 ❼□其他_____

四、您希望我們舉辦何種活動：（可複選）

　❶□作者演講 ❷□研習會 ❸□研討會 ❹□書展 ❺□其他_____

五、您購買本書的原因：（可複選）

　❶□對主題感興趣 ❷□上課教材⇨課程名稱_____

　❸□舉辦活動 ❹□其他_____ （請翻頁繼續）

廣　告　回　信
台灣北區郵政管理局登記證
北 台 字 第 8133 號
（免貼郵票）

 心理出版社 股份有限公司

台北市 106 和平東路二段 163 號 4 樓

TEL:(02)2706-9505
FAX:(02)2325-4014
EMAIL:psychoco@ms15.hinet.net

沿線對折訂好後寄回

六、您希望我們多出版何種類型的書籍
　　❶□心理❷□輔導❸□教育❹□社工❺□測驗❻□其他

七、如果您是老師，是否有撰寫教科書的計劃：□有□無
　　書名/課程：＿＿＿＿＿＿＿＿＿＿＿＿＿＿＿＿＿＿＿＿＿

八、您教授/修習的課程：

上學期：＿＿＿＿＿＿＿＿＿＿＿＿＿＿＿＿＿＿＿＿＿

下學期：＿＿＿＿＿＿＿＿＿＿＿＿＿＿＿＿＿＿＿＿＿

進修班：＿＿＿＿＿＿＿＿＿＿＿＿＿＿＿＿＿＿＿＿＿

暑　假：＿＿＿＿＿＿＿＿＿＿＿＿＿＿＿＿＿＿＿＿＿

寒　假：＿＿＿＿＿＿＿＿＿＿＿＿＿＿＿＿＿＿＿＿＿

學分班：＿＿＿＿＿＿＿＿＿＿＿＿＿＿＿＿＿＿＿＿＿

九、您的其他意見

＿＿＿＿＿＿＿＿＿＿＿＿＿＿＿＿＿＿＿＿＿＿＿＿＿＿＿

謝謝您的指教！　　　　　　　　　　　　　　55001